Update zum Photonenring

W0409145

Sheldon Nidle

Update zum Photonenring

ch. falk verlag

Aus dem Amerikanischen
von Naomi Sung

Erstveröffentlichung
© ch. falk verlag, seeon 1997

Umschlaggestaltung: Lightborne Images
und Sabine Becker-Will

Satz: Plejaden Publishing Service, Boltersen
Druck: Druckerei Sonnenschein, Hersbruck

Printed in Germany
ISBN 3-89568-032-X

Widmung

Dieses Buch ist in Liebe
meinem Sohn, Narturi, gewidmet.

Ich möchte ihm sagen,
daß sein Vater ihn von ganzem Herzen liebt
und daß es bald möglich sein wird,
so viel Zeit miteinander zu verbringen,
wie wir es verdienen.

Danksagung

Bei der Vorbereitung dieses Buches wirkten viele Menschen mit, denen ich jetzt danken möchte. Zu allererst möchte ich Christa Falk und ihrer freundlichen und äußerst kenntnisreichen Assistentin für die Übersetzung dieses Werks und vor allem für die Gelegenheit, es zu veröffentlichen, danken. Ich möchte auch meiner liebsten Freundin und Begleiterin, Colleen Marshall, dafür danken, daß sie dieses Werk redigiert und mir äußerst hilfreiche Vorschläge dazu unterbreitet hat. Ebenfalls möchte ich mich bei den Smallmans – John, Eugenie und Kristie bedanken, daß ich ihr Heim und vor allem ihren Computer benutzen durfte, um dieses Manuskript zu schreiben.

Und schließlich möchte ich auch Valerie Donner und den verschiedenen Mitgliedern des Ground Crew Projekts danken, durch deren Unterstützung es möglich wird, daß dieses Unternehmen zum Erfolg führt. Am allermeisten möchte ich jedoch der Spirituellen Hierarchie und der Galaktischen Föderation danksagen, daß ich der Bote dieser äußerst wichtigen Botschaft sein darf.

Inhalt

Vorwort

Es ist der Zweck dieser Arbeit, das Buch *Der Photonenring* auf den neuesten Stand zu bringen und damit dem Leser mitzuteilen, was jetzt auf der Erde und im Himmel geschieht. Seit das Buch erschienen ist, hat es viele Beweise gegeben, die meine Aussagen bestätigen, aber auch eine leichte Änderung betreffs des Szenarios, wie es dort beschrieben ist. Im Laufe dieser Arbeit wollen wir versuchen, mehr darüber zu berichten, denn es hat sich einiges ereignet, wodurch viele der Prämissen aus dem Buch *Der Photonenring* nur zu kurzen Einblicken in die neue Realität geworden sind. Eines der prophetischsten Ereignisse ist der große galaktische Friede, der jetzt begonnen hat. Diese Verhandlungen wurden in meinem Buch nur angedeutet, und nicht näher beschrieben. Doch jetzt sind sie das wichtigste Ereignis im Weltraum. Ein anderes Thema ist die Natur des Photonenrings und was sich seit Erscheinen meines ersten Buches zugetragen hat. Auch hier gab es Überraschungen und die Geschichte ist noch nicht zu Ende. Darüber hinaus geht es um den Kometen *Hale-Bopp* und seinen Begleiter. Auch hier erfahren wir, daß dieses Treibgut viel mehr ist, als es zuerst schien.

Wir müssen all diese Dinge als ineinander verflochten und als repräsentativ für ein tiefgründiges holistisches Muster sehen, das der Schöpfer für uns gewebt hat. Dieser göttliche Plan wird uns auf eine Weise offenbart, die ganz unglaublich und weise ist. Jeder Schritt wird wie der Zug eines erleuchteten Schachmeisters vollzogen und hat eine auf vielen verschiedenen Ebenen zugleich vorkommende Bedeutung. Jede

Bewegung ist dazu bestimmt, uns einem wunderbaren Ziel näher zu bringen, nämlich dem Kontakt mit unseren Vorfahren und unseren Brüdern und Schwestern im All. Der Pfad führt uns durch tiefe Besinnung zu der wahren Bedeutung der menschlichen Seele und zeigt uns, daß diese Wahrheit die Basis für das ist, was wir wirklich sind. Wir alle suchen nach der Wahrheit und danach, wie sie die Grundlage aller Dinge ist, die es in der Schöpfung gibt. Wir alle streben auf irgendeine Art danach, unsere Erkenntnisse mit den tiefen Kenntnissen unseres Schöpfers zu verschmelzen. Jetzt ist die Zeit gekommen, in der dieser Wunsch sich erfüllt, und zwar nicht nur für einige Auserwählte, sondern für uns alle.

Jetzt befinden wir uns in dem kurzen Zeitraum vor dem ersten Versuch, mit den Mitgliedern der Sternenreiche der Galaktischen Föderation in Kontakt zu treten. Das bedeutet für uns, daß wir jetzt ganz nah an einer neuen Welt sind, in der wir erkennen werden, wer wir wirklich sind. Von Anfang an war die menschliche Zivilisation auf sogenannte Götter und Göttinnen begründet, die uns vor unserer primitiven Natur schützten und uns die Gesetze und Regeln gaben, auf denen die menschliche Zivilisation beruht. Viele Gelehrte haben versucht, die tiefere Bedeutung dessen zu erforschen, was wir Zivilisation nennen. Die Schlußfolgerung, die dieses Werk beweisen möchte, besteht darin, daß wir in Wirklichkeit Abkömmlinge der Sterne und Teil eines göttlichen Plans sind, der uns für viele Jahrtausende ins Abseits geführt hat. Jetzt sind wir auf einer Umleitung, die uns auf den richtigen Weg zurückführen und uns gestatten wird, unseren wahren Platz im Weltraum zu erkennen. Unsere Quarantäne ist vorüber. Wir können das durch genetische Forschung erkennen, denn alles Leben, besonders das menschliche, ist in einem dreistrangigen DNS-Protein entstanden, welches der Grundstein für unsere physische Existenz ist. Diese Entdeckung zeigt uns, daß der Weg zurück zur vollen Integration unseres geistigen und physischen Selbst nicht so weit ist, wie wir denken. Den Schlüssel dazu finden wir in einem neuen Zweig der Biologie: der Quanten-Biologie. Diese neue Biologie bestätigt die Verbindung zwischen Körper und Geist.

Die Quanten-Biologie besagt, daß die Kraft des Gedankens die Körperzellen und den Stoffwechsel verändern und – wichtiger noch – die RNS/DNS unformen kann. Das Bewußtsein kann nun, wissenschaftlich gesehen, als in der Lage betrachtet werden, Veränderungen in unserer physischen Beschaffenheit vorzunehmen. Der wichtigste Punkt dieser Erkenntnis behandelt die Struktur der Gene.

Genetiker haben herausgefunden, daß die Menschen in den letzten fünf Jahren den 3. Strang ihrer RNS/DNS dazu benutzten, sich in ein tieferes Wesen zu wandeln. Viele Kinder, die mit verbundener 3-Strang-DNS geboren sind, haben erstaunliche Fähigkeiten, wie z.B. Gedankenübertragung, willentlich zu verschwinden und wieder zu erscheinen (Teleportation) und schwere Gegenstände ohne Schwierigkeiten durch den Raum zu bewegen. Wir scheinen viel bewußter zu werden. Hinzu kommt, daß sich die Zahl derer, die ihr Wesen auf die eine oder andere Weise verändert haben, in den letzten 3 Jahren unverhältnismäßig vergrößert hat. Ohne Zweifel durchläuft unsere Spezies gerade eine tiefgehende Veränderung.

Nicht nur unser Körper hat sich verändert, auch die geistige Seite unserer Natur wird uns immer mehr bewußt. Dieses spirituelle Erwachen führte zu einem verstärkten Studium von Themen, die uns früher zu fremd oder zu schwierig erschienen. So erweckten z.B. Engel, Ufos und der außerirdische Ursprung allen Lebens auf der Erde unser Interesse. Wir scheinen das starke Bedürfnis zu haben, den Zusammenhang der Dinge zu erfahren. Es scheint hier eine endlose Reihe von Meinungen zu geben, die versuchen, diesen Aspekt des menschlichen Wissens zu erklären. Ich möchte dem noch etwas hinzufügen: Versucht diese Themen mit dem Herzen und nicht mit dem Verstand zu begreifen. Dem Wissensbereich, in den ihr jetzt eindringt, liegen Gefühle, Leidenschaft und die Wahrheit eurer intuitiven Seele zugrunde. Dies ist ein tiefer Einschnitt in unserer gegenwärtigen Zivilisation. Die Zeit drängt uns. Die Erde steht am Rande ihres Übertritts in die 4. Dimension, und wir müssen mehr über uns selbst lernen, als wir je gedacht haben.

Nachdem diese tiefgreifenden Veränderungen ihre Intensität erhöht haben, müssen wir akzeptieren, daß etwas Grundlegendes mit uns geschieht. Und wir stehen unter Zeitdruck. Dadurch wird auch unser Karma stark beschleunigt. Es ist euch sicherlich aufgefallen, daß, sobald ein Karma erschaffen wird, es auch wieder schnell aufgelöst wird. Das geschieht oft in nur Stunden oder wenigen Tagen. Wir leben in einer Welt, die ganz schnell in etwas anderes verwandelt wird als das, woran wir gewöhnt sind. Ein weiterer Effekt ist, daß sich die jährliche Zeitlinie beschleunigt. Viele, die die Zeit beobachten, stellten fest, daß die letzten Jahre offenbar auf Monate verkürzt wurden. Forscher haben mich darauf hingewiesen, daß 1996 in Wirklichkeit das Jahr 2000 war und wir jetzt am Anfang des 21. Jahrhunderts stehen. Diesbezüglich haben viele Hellsichtige, die in das Jahr 2012 gegangen sind, festgestellt, daß es um das magische Datum des 21. 12. 2012 eine Blockade gibt. Dieses Datum hat schon der Maya-Kalender als das Ende unserer Zeit bezeichnet. Das Zusammentreffen all dieser Ereignisse zeigt uns, daß das die Zeit ist, in der sich unser Planet auf eine neue Realität zubewegt.

Die neue Wahrheit scheint uns zu sagen, daß ein neues „Goldenes Zeitalter" auf uns zukommt. Die Vorausahnung dieses „Goldenen Zeitalters" scheint offensichtlich unser erster Kontakt mit fortgeschrittenen außerirdischen Zivilisationen zu sein. Für alle, die die Zukunft unserer Zivilisation untersuchen, scheint es, daß die weitere Entwicklung von einer Art intelligenten Austauschs mit Außerirdischen abhängt. Die einzige Frage ist, wann und wo. Gegenwärtig hat unsere Zivilisation eine Reihe toter Punkte erreicht, die in den nächsten Jahrzehnten zu ihrer Auslöschung führen könnten. Wann immer sich solche Szenarien auf dieses unausweichliche Ergebnis hin entwickeln, tritt eine göttliche Intervention ein und ändert den Verlauf. Ja, viele Wissenschaftler, die die alten Zivilisationen erforschen, haben bemerkt, daß viele ihrer Technologien von Kontakten mit Außerirdischen stammen. Das scheint sich mit unserer Zivilisation zu wiederholen. Und es haben tatsächlich schon viele Menschen Kontakte.

Die Spirituelle Hierarchie sendet viele Botschaften via sogenannter „Psychics" – das sind Hellsichtige/Hellhörige – die uns mitteilen, daß etwas Wunderbares und Unglaubliches geschehen wird. Es gibt Anzeichen, daß entweder eine Massenlandung und/oder ein Massen-Besuch aus den Engelreichen bevorsteht. Ich habe seit der Veröffentlichung meines Buches *Der Photonenring* viel Zeit damit verbracht, Nachrichten von verschiedenen Quellen zu empfangen, die dieses Thema untersucht haben. Das Ergebnis ist, daß sich meine Voraussagen von den meisten der gechannelten Informationen nicht unterscheiden. Während ich dieses Buch schreibe, kommen neue Nachrichten über den ersten Kontakt mit der Galaktischen Föderation. Es geht auch um den Begleiter des Kometen „Hale-Bopp". Zufällig haben mich auch viele Wissenschaftler darüber informiert, daß er seit seiner Entdeckung Anfang 1995 sechs Kurskorrekturen vorgenommen hat, die so offensichtlich sind, daß sie nur von einem künstlichen oder intelligent-kontrollierten Objekt stammen können. Dieser „Komet" ist ein Raumschiff, das sich als Komet getarnt hat. Hinzu kommt, daß der Begleiter fast viermal so groß wie die Erde ist und sowohl um das Objekt manövrieren als auch einen Abstand von ca. 150.000 Meilen von dem „Kometen" halten kann. Und er hat immer wieder Botschaften via Radio im hohen „K" Band-Sektor gesendet.

Diese Botschaften werden laut verschiedenen US-Wissenschaftlern in Form von Piktogrammen gegeben, die von einem Team, das eigens von der US-Regierung zusammengestellt wurde und seinen Sitz in Nord-Kalifornien hat, decodiert. Das Wesentliche der erhaltenen Daten weist auf einen ersten Kontakt mit der US-Regierung hin. Diese Information weist auf eine der großen Schwierigkeiten bei dieser ganzen Angelegenheit hin – nämlich die Offenlegung der Geheimnisse durch die Erd-Regierungen. Die Schwierigkeit, diese wichtigen Informationen über das, was sich ereignet hat, zu erhalten, hat sich in zwei Punkten gezeigt, mit denen ich mich intensiv beschäftigt habe. Da ist einmal der Photonenring selbst. Es scheint, daß die US-Regierung und eine Gruppe von über 18 größeren Forschungsuniversitäten mit einem Etat von über 100 Millionen Dollar an diesem Projekt arbeiten, um die beiden Photonenringe zu erforschen. Dieses Projekt unterliegt strengster Geheimhaltung und findet an zwei verschiedenen Orten statt: im Staate Utah/USA und in Argentinien. Ich habe von diesem Projekt nur erfahren, weil ich im Sommer 1996 von jemandem angesprochen wurde, der mir als eine Art Abgesandter von einem Wissenschaftler dieses Projekts Bilder, Videobänder und wichtige Informationen über den Photonenring übergab (siehe dazu unsere Internet-Seite http//:www.portal.ca/-ground/crew). Diese Information wurde durch eine andere Person bestätigt, die einige Astronomen kennt, die sich damit beschäftigen, die Piktographien von einem anderen Objekt, das als der Begleiter des Kometen „Hale-Bopp" bekannt ist, zu entziffern und zu erklären. Auch hier wurde höchste Geheimhaltung angeordnet, um das Bekanntwerden der Daten über die kommenden Ereignisse zu verhindern. Es ist schlimm, daß wir fortwährend gegen diese Verschleierung der Tatsachen ankämpfen müssen und unglaubwürdig werden, wenn wir über nichts anderes als diese nackten Tatsachen berichten. Wir müssen verstehen, daß wir in einer Zeit tiefgreifender Veränderungen leben, die nicht nur unseren Planeten, sondern auch uns selbst betreffen. Laßt uns weitere Beweise betrachten.

Wir wissen, daß der Winter 1996/97 sehr streng und ungewöhnlich war. Die Temperaturen haben in allen Teilen der Welt neue oder fast neue Rekorde aufgestellt. In Gebieten, in denen es normalerweise keinen Schnee gibt und die Flüsse nicht zufrieren, ist eben dies geschehen. Außerdem haben sich die Golfströme und die Winde sehr sonderbar verhalten. Dieses Mal können wir nicht einen El Nino-Effekt in den Äquatorregionen der Ozeane dafür verantwortlich machen. Es ist eher der ungünstige Druck, der an der Erd-Atmosphäre zehrt. Diese Wirkung kann auch an den ungeheuren Stürmen mit Geschwindigkeiten von 300-500 Meilen pro Stunde beobachtet werden, die es in der äußeren Atmosphäre gibt. Diese Stürme wurden Mitte der 90iger Jahre erstmals von Wissenschaftlern entdeckt und sind seitdem Subjekt ihrer geheimen Verhandlungen. Die Entdecker fürchten, daß diese Stürme die untere Atmosphäre noch in den späten 90er Jahren erreichen und zu einer Reihe schwerer Katastrophen führen könnten. Auch hier wurde deshalb Geheimhaltung angeordnet. Der Schluß, zu dem diese Entdeckung und der harte Winter der nördlichen Hemisphäre führt ist, daß sich unser Planet auf eine neue Realität vorbereitet. Wie einer der Wissenschaftler in einem kürzlichen Gespräch bemerkte, kann der Moment, in der sich dieser Wechsel in eine neue planetarische Wirklichkeit vollzieht, jederzeit eintreten und liegt wahrscheinlich noch vor Ende des Sommers 1997. Noch einmal: Dies ist ein Zeichen, daß wir vor einer Veränderung unserer Realität stehen, und das erkennen jetzt offensichtlich auch unsere geistigen Führer und Regierungen. Dieses Phänomen wird zu einem ganz neuen Paradigma davon führen, was wirklich ist und was nicht. In diesem Fall haben uns Wissenschaft und Wissenschaftler Hinweise gegeben, was wir von der Ankunft der neuen Realität zu erwarten haben.

Die Kosmologie hat entdeckt, daß das physische Universum nicht immer den derzeit bekannten physikalischen Gesetzen folgt. Energien, Gaswolken und sogar Galaxien verhalten sich äußerst ungewöhnlich. Die gleichen Paradoxe erscheinen in der Welt sub-atomarer Physik. Die Kenntnisse vom Universum führen uns zu einem neuen Verständnis der Realität. Das war in den letzten Jahrzehnten das Hauptthema der Wissenschaftler. Doch die Geheimhaltung dieser Erkenntnisse, um die alte orthodoxe Lehrmeinung aufrechtzuerhalten, hat wiederum verhindert, daß diese Erkenntnisse öffentliches Wissen würden. Überall hat die alte Ordnung versucht, diese Fassade aufrechtzuerhalten. Doch gibt es etwas in den neuen geheimen Entdeckungen, das die Wissenschaftler ermutigt, die Katze aus dem Sack zu lassen. Wie ich gehört habe, werden im Winter und Frühjahr 1997 noch mehr Wissenschaftler bereit sein, davon zu berichten, was im All und in der Atmosphäre, mit den Kontinenten und Ozeanen des Planeten Erde geschieht. Diese Berichte werden dazu beitragen, daß die Bewohner der Erde endlich die Wahrheit erfahren und sich auf die unvermeidliche Begegnung mit den Außerirdischen vorbereiten können.

Neben der grundlegenden Veränderung der Wirklichkeit, wie sie in den Kontroversen der Wissenschaftler zum Ausdruck kommt, gibt es auch die vielen erfolgreichen Versuche der Erd-Regierungen, die Existenz der Außerirdischen zu leugnen. Diese Verschleierung schließt das Ausmaß der Kontakte mit ein, die sie mit ihnen gehabt haben. Das wirft die Frage auf, warum diese Verbindungen nicht öffentlich diskutiert worden sind. Tatsache ist, daß die meisten dieser

Begegnungen der letzten Jahre Versuche der uns wohlgesinnten Außerirdischen der Galaktischen Föderation waren, um die Bevölkerung der Erde auf diesen ersten Kontakt vorzubereiten. Die Antwort der Regierungen war eine Mischung aus Panik und Angst. Einer der schlimmsten Fälle war die Verhinderung der Eröffnung eines japanischen Ufo-Museums Anfang Juli 1996. Die US-Regierung, als eine der größten Handelsnationen, zwang die japanische Regierung mit Hilfe verschiedener Wirtschaftsabkommen, dieses Museum zu schließen, bevor es eröffnet war. Diese schändliche Tat wurde begangen, weil das Museum die Körper von zwei Außerirdischen und ein Ufo zeigen wollte. Nach der Eröffnung sollten einige Nationen ihre geheimen Unterlagen offenlegen, die besagen, daß die Ufos existieren und daß es schon seit Jahrzehnten Kontakt mit ihnen gibt. Ganz offensichtlich wünschten manche Leute in wichtigen Positionen der US-Regierung, die Geheimhaltung beizubehalten. Jedoch hat diese Konspiration noch einen ganz anderen Ursprung: nämlich Angst. Die US-Regierung stand auch in Verbindung mit Außerirdischen von weniger freundlich gesinnten Sternensystemen. Diese Verbindungen führten zu illegalen Abkommen, zu einer Reihe von genetischen Versuchen und dem Austausch von Technologien, die uns wie ein schlechter Science-Fiction-Roman vorkommen. Das ist der wahre Grund, warum diese Dinge geheimgehalten wurden.

Gleich nach Ende des 2. Weltkrieges war die US-Regierung die mächtigste Regierung der Welt. Jedoch sah sie etwas, was sie in Angst versetzte – nämlich, daß jemand von anderen Welten jede Bewegung hier beobachtete. Die US-Regierung entschloß sich, Verbindung aufzunehmen und mit ihnen Verträge zu schließen, die möglicherweise für beide Seiten von Vorteil wären. In den nächsten Jahrzehnten führte diese Politik zu Verträgen, fortgeschrittener Technologie, aber auch zu Entführungen, Verstümmlungen und einem weltweiten Netz von Untergrund-Basen sowie Zusammenstößen mit den meisten Weltregierungen.

Diese Tatsache wurde von denen, die sie untersuchten, das „Ufo-Cover-up" genannt. In seiner Reichweite und seiner Geschichte ist es beträchtlich. Es erübrigt sich zu sagen, daß dies das größte Hindernis für die Behandlung jener Themen war, die das Hauptthema dieser Arbeit bilden. Dieses Verdecken führte die Galaktische Föderation dazu, zu einer eher indirekten und/oder halboffiziellen Wahl der Kommunikationsmittel zu greifen. Jetzt, nach 50 Jahren des Betruges, der Fehlinformationen und der Verleugnung ist es Zeit, daß die Wahrheit über alles, was auf der Erde und im All geschieht, aufgedeckt wird. Zu lange wurde uns die Wahrheit verwehrt. Es ist Zeit, diese Verheimlichung zu beenden. Wir, die wir auf der Erde leben, wollen, daß man uns die Wahrheit sagt. Wir sind erwachsen und können das Gute und das Böse, das im Laufe unseres Lebens hier auf Erden stattfindet, ertragen. Wir sind gewiß fähig, diese Nachrichten aufzunehmen und sie zu verarbeiten, ohne in Panik oder Wut zu geraten. Leider werden wir diese Wahrheit nicht erfahren, bevor die ersten Kontakte stattgefunden haben. Wir brauchen unsere galaktischen Berater, um uns diese Wahrheit zu enthüllen. Die meisten Regierungen dieser Welt befinden sich zu sehr in Angst und Panik, um uns diese einfachen Wahrheiten wissen zu lassen.

Der Zweck dieses kurzen Buches ist es, euer Wissen auf den neuesten Stand zu bringen und euch zu enthüllen, was draußen im All geschieht und was dies für uns bedeutet. Ihr seht, daß seit meiner ersten Veröffentlichung in Juni 1994 viel passiert ist und deshalb hier und überall diskutiert werden muß. Bitte seht in diesem Büchlein eine Hilfe zum besseren Verständnis der neuen Realität, die uns jetzt umgibt. Wir müssen lernen, daß wir alle EINS sind und daß das, was mit einem von uns geschieht, uns allen geschieht. Die

Daten, die ihr erhaltet, sind dazu bestimmt, euer Wissen über die Ereignisse zu vervollständigen. Wir erhalten sie, damit wir die ungeheure Bedeutung der Ereignisse verstehen, aber auch um uns wissen zu lassen, was seit Erscheinen meines Buches vor 2 Jahren alles passiert ist. Laßt mich mit dem Segen der Liebe und des Lichtes für euch alle schließen. *Selamat Ja!* (Das heißt auf sirianisch: *Freue Dich!*)

Sheldon Nidle
Kula, Maui
22. Januar 1997

Kapitel 1

Update zur Mission

Die folgenden Kapitel sind in Form von Fragen und Antworten geschrieben. Im Verlauf des ersten Kapitels werden wir die Beschaffenheit des Photonenrings und alles, was sich auf die Galaktische Föderation und ihre Massenlandung bezieht, diskutieren.

F: Was ist der Photonenring?

A: Der Photonengürtel ist ein fester Ring von interdimensionaler Lichternergie, der im Durchschnitt fast 1/3 der Größe unserer Galaxie (ca. 30.000 Lichtjahre) umfaßt. Er kommt etwa alle 12.000 bis 13.000 Jahre in dieses Sonnensystem und sollte demnach am Ende des Gregorianischen Kalenderjahres 1996 wieder bei uns eintreffen. Jedoch traten während der letzten Monate einige unerwartete Ereignisse ein, die den Verlauf dieses Besuchs in unserem Sonnensystem veränderten.

F: Was verursachte diese unerwarteten Ereignisse?

A: Im Frühjahr 1987 ereignete sich in Bereich der Magellanschen Wolke eine Sternenexplosion, die als Nova 1987A registriert wurde. Dieser Stern wurde durch eine gewaltige Explosion zu einem Neutronenstern, Avalus genannt, reduziert. Durch die Explosion wurde auch ein riesiges Objekt, in Form eines Nadelrads aus Photonen, Gammastrahlen und einer Unmenge von Anti-Materie-Teilchen, geschaffen. Es wurde mit starker Beschleunigung – höher als die Lichtgeschwindigkeit – auf einer Schwerkraftwelle von der Explosion aus zu diesem Sonnensystem befördert. Dieses Objekt führte 1995 die Wissenschaftler der Erde schließlich zur formellen Wiederentdeckung des Haupt-Photonenrings. Anfangs konnte die Menge der Gamma-Strahlung weder inter- noch extra-galaktischem Ursprung zugeordnet werden. Die Instrumente der meisten Radioteleskope konnten nicht feststellen, was geschehen war. In den frühen 90er Jahren konnte durch die Verwendung neuer Instrumente, welche bei dem US-Atomwaffen-Programm verwendet und speziell für Weltraum-Teleskope entwickelt worden waren, die genaue Position bestimmt werden. Ende 1995 und Anfang 1996 erkannte man, daß dieses Objekt Ende 1996 mit unserem Sonnensystem kollidieren würde. Nach ersten Ergebnissen schien es, daß die Atmosphäre aufgerissen und die Biosphäre völlig zerstört werden würde. Als jedoch die Wissenschaftler ihre neuen Instrumente (größtenteils speziell entwickelte Farbspectrometer) einsetzten, entdeckten sie den wesentlich stärkeren Haupt-Photonenring. Man fand heraus, daß dieser Ring und das kleinere Nadelrad das Sonnensystem zu genau der gleichen Zeit erreichen würden.

F: Was geschah dann?

A: Im Sommer 1996 wurde ich von einer Person angesprochen, die von einem Wissenschaftler, der am Photonenring-Projekt arbeitete, ausgewählt worden war, die Sirianer über diese zwei Ringe zu befragen. Er sollte auch herausfinden, ob der Menschheit wirklich nur noch die Zeit bis zum Ende des Jahres bliebe, bevor das Unglück über sie hereinbrach. Die Antwort war, daß der erste Ring durch den Hauptring neutralisiert würde und daß wir uns keine Sorgen darüber machen müßten, was zum Ende des Jahres geschehen würde. Der Wissenschaftler stimmte einer Zusammenarbeit zu und schickte mir verschiedene Bilder, Videobänder und wichtige Informationen über die beiden Photonenringe.

F: Wie ging es weiter?

A: Gegen Ende des Jahres 1996 kam der Wissenschaftler zu der Erkenntnis, daß das kleinere Nadelrad kurz vor Erreichen unseres Sonnensystems mit dem größeren Photonenring zusammenstoßen würde. Dieses Ereignis sollte am 31. Dezember 1996 um 23:45 Uhr MEZ stattfinden. Der größere Ring sollte am 1.Januar 1997 um 3.00 Uhr in unser Sonnensystem eintreten. Das Nadelrad sollte eine „Leere" bohren, etwa 1 $^{1}/_{2}$ mal so groß wie der Durchmesser des Sonnensystems. Der größte Teil der verbleibenden Strahlung, der nicht durch die Kollision vernichtet wird, würde durch die äußeren Planeten zerstreut werden, besonders durch die Magnetfelder von Jupiter und Saturn. Jupiter wäre bei diesem Unternehmen sehr nützlich, weil der Schumacher-Levy-Komet die natürliche Resonanz seiner Schwerkraft und seiner magnetischen Felder so geändert hat, daß sie jederzeit die Strahlung des Nadelrades zerstören könnte. So würde die Erde nur soviel Strahlung abbekommen, daß ihre eigene Atmosphäre nur geringfügig beeinflußt würde.

F: Was geschah dann gegen Ende 1996?

A: Wie erwartet sind die beiden Photonenringe am 31. Dezember kurz vor Mitternacht kollidiert. Die „Leere", die durch den Zusammenstoß des Nadelrads mit dem Hauptring entstand, erlaubte dem Sonnensystem am 1. Januar 1997 ohne Schwierigkeiten in die Nullzone des Haupt-Photonenrings einzutreten. Am 1. Januar 1997 trat die stark reduzierte Strahlung des Nadelrads in die Erdatmosphäre ein. Bis zum 7. Januar 1997 wurde dieses Strahlung durch ihre natürliche Wechselwirkung mit der Erdatmosphäre stark abgeschwächt. Nennenswerte Nebenerscheinungen waren der gerötete Himmel, bemerkenswerte Erscheinungen von Morgenröte in der höheren Atmosphäre und der Beginn einer weltweiten ungewöhnlichen Kaltwetterperiode. Am 11. Januar 1997 traten wir in den Hauptteil des großen Photonenrings ein.

F: Was ist mit uns geschehen, seit wir in den Haupt-Photonenring eingetreten sind?

A: Kurz bevor wir in diese „Leere" eintraten, setzte uns die Galaktische Föderation in ein neues Hologramm. Dieses neue Hologramm hat zwei Ziele: Erstens soll es uns von den Auswirkungen, die wir im Haupt-Photonenring erfahren, abschirmen. Dies wird durch Verwendung spezieller interdimensionaler Netze und anderer Lichtfelder ermöglicht, welche uns die Illusion vermitteln, daß alles ganz wie immer ist. Zweitens ist das Hologramm so konstruiert, daß es sich auflöst, wenn wir von der „Leere" in den Ring übergehen. Dieser Schritt wird etwa 12 bis 20 Tage nach der Massenlandung eintreten.

F: Wann ist diese Massenlandung vorgesehen?

A: Das Datum wurde von der Galaktischen Föderation festgesetzt und wird nicht bekannt gegeben. Alles, was man zu diesem Zeitpunkt sagen kann, ist: Es wird bald sein, sehr, sehr bald. Man hat mir angedeutet, daß es wahrscheinlich noch vor Ende des galaktischen Jahres 5 Eb sein wird.

F: Wodurch wurden die Massenlandungen verzögert?

A: Die Massenlandungen wurden durch unvorhersehbare Umstände verzögert, die inzwischen durch das erste Kontakt-Team der Föderation korrigiert wurden. Dieses Team hat jetzt eine neue und wirksamere Befehlsstruktur entwickelt, die unvorhergesehene Schwierigkeiten berücksichtigt und den Erfolg der Mission sichert.

F: Kannst du uns Näheres über diese unvorhergesehenen Umstände sagen?

A: Im Moment kann ich nur sagen, daß es auf der Erde zu viel Angst und nicht genügend Herz-Energie gibt. Die Engel und sogar jene aus den „dunkleren Reichen" haben sich vereint, um mehr Herzenergie auf den Planeten Erde zu schicken. Daher ist die Landung und unsere Bewußtseinsänderung bereits sichergestellt, wie Christus auch einem Lichtarbeiter schon sagte.

F: Wie sieht der geänderte Plan der Galaktischen Föderation für unseren Eintritt in den Photonenring aus?

A: Im Augenblick verlassen wir gerade die „Leere", in die wir eingehüllt sind und in etwa 10 bis 12 Tagen nach der Massenlandung werden wir in den Hauptteil des Photonenrings eintreten. Dieser veränderte Ablauf wurde beschlossen, weil der Photonenring dazu dienen soll, uns auf eine höhere Bewußtseinsebene zu bringen.

F: Werden dem Eintritt unseres Sonnensytems in den Photonenring immer noch die 5 bis 6 Tage Aufenthalt in der Nullzone vorausgehen?

A: Diese Frist soll auf weniger als 12 Stunden verkürzt werden. Für uns Menschen bedeutet das, daß wir nicht einer so langen Zeit der Kälte und der Dunkelheit ausgesetzt sind, wie es in dem ursprünglichen Plan vorgesehen war. Die Nullzone um die „Leere" ist viel dünner als die um den Haupt-Photonenring; es ist also für die Ingenieure und Wissenschaftler der Föderation viel leichter, die Nullzone der Leere anzugleichen, wenn für das Sonnensystem die Zeit zum Eintritt gekommen ist.

F: Inwieweit wird der Eintritt in die Nullzone der Leere und später in den Photonenring das elektrische Netz der Erde und alle elektrischen Einrichtungen betreffen?

A: Nachdem die Massenlandungen abgeschlossen sind und die jetzigen Regierungen aufgelöst wurden (7 bis 8 Stunden nach Beginn der Landungen) werden die Techniker und Wissenschaftler der Föderation kurzfristig ein drahtloses elektrisches Netz installieren, das für alle Typen derzeit bekannter elektrischer Geräte geeignet ist.

Bis wir in die Nullzone eintreten, wird dieses drahtlose elektrische Netz bleiben, also so lange, bis alle elektrischen Anlagen durch Geräte, die mit Photonenenergie arbeiten (heute bei euch als „freie Energie"-Generatoren bekannt) ersetzt sind. Wenn ihr von der Leere aus in den Photonenring kommt, werden eure elektrischen Geräte nicht mehr funktionieren. Aber ihr habt ja das neue Generatorensystem und photonen-gespeiste Geräte wie „Prozessoren“, um sie zu ersetzen. Wenn ihr also eure alten elektrischen Geräte nicht mehr benutzen könnt, so habt ihr als Ersatz doch „Nahrungs-Prozessoren“, Scooters usw..

F: Gab es irgendwelche Änderungen zu dem Bewußtseinswechsel-Szenario, die du früher in deinem Buch erklärt hast?

A: Ein wichtiger Punkt für alle ist, daß unsere Veränderung nach einem göttlichen Plan abläuft. Dieser Plan besagt, daß die Menschheit ihre Veränderung in diesem galaktischen Jahr (5 Eb) erleben soll. Die Menschen, die sich mit den Veränderungen auf der Erde beschäftigen, meinen, daß die Welt sich noch vor Ende des Sommers 1997 in eine 4-dimensionale Welt verwandeln wird. Wir sind ganz nah an einer großen Veränderung unserer Wirklichkeit. Wir müssen diese Veränderung in unserem Herzen, also im intuitiven Zentrum, spüren und nicht im Kopf, dem mentalen Zentrum. Denn wir bewegen uns weg von dem traditionellen Lernkonzept der Wirklichkeit, hin zu einem anderen, das beides auf eine Weise integriert, von der wir heute nur eine leise Ahnung haben.

F: Die Sirianer sagen, daß die kataclysmischen Szenarien nicht stattfinden sollen. Sind diese Szenarien, die in der Bibel und an anderen Stellen beschrieben werden, somit völlig aufgehoben?

A: Ja. Obwohl der Planet sich ändert, so muß er doch seine eigenen Energien abgeben. Es werden sich also Erdbeben ereignen, Vulkane werden ausbrechen, Überschwemmungen und andere Katastrophen werden über uns hereinbrechen. Auf diese Art reagiert der Planet. In allem, was rund um uns geschieht, den Veränderungen in der Umwelt unseres Planeten ebenso wie im All und im menschlichen Bewußtsein, zeigt sich die höhere Bewußtseinsebene, die unseren Planeten voranbringt. Diese planetarische Veränderung wird anders vonstatten gehen als die Menschheit dachte. Es wird zwar Veränderungen geben, wie z.B. Erdbeben, Vulkanausbrüche und Überschwemmungen, doch ganze Erdteile werden nicht versinken. Es wird so sein, wie wir es in den letzten Jahrzehnten in den Nachrichten gehört haben. Das wird weiterhin so sein, aber die Katastrophen werden nicht so gewaltig sein, wie sie beschrieben worden sind.

Ja, wir werden diesen gewaltsamen Umbrüchen entgehen, denn der zeitliche Ablauf wurde geändert. Dies ist Teil der göttlichen Intervention, die vom Schöpfer, Metatron und den zahllosen Reichen der Schöpfung beschlossen wurde. Wir befinden uns in einer Zeit großen Umbruchs. Der einzige Unterschied zu den Voraussagungen über die großen Veränderungen und deren tatsächlichem Ablauf ist, daß die Katastrophen ausbleiben. Denn der zeitliche Ablauf in der Galaxie hat sich in letzter Zeit dramatisch verändert.

F: Wenn man noch im menschlichen Bewußtsein steckt und an unsere Technologien gewöhnt ist, kann man sich schwer vorstellen, daß die Sirianer ein ganzes Sonnensystem durch eine holographische Hülle schützen können. Kannst du dazu etwas sagen?

A: Zuerst einmal waren es nicht die Sirianer allein, die dieses Unternehmen ausgeführt haben. Tatsächlich kooperierten sie mit den Time Lords, die den dimensionalen Wechsel bestimmen, und den Engeln, die sich selbst in den unterschiedlichen Dimensionen befinden und die Energien verströmen. Die Sirianer und ihre Wissenschaftler, die Verbündeten von den verschiedenen Sternensystemen, die Time Lords sowie die Elohim, die für die verschiedenen dimensionalen Wechselströme zuständig sind, und auch die Engel, die die Kräfte von den höheren Quellen zu diesen Ebenen herunter bringen – sie alle vereinten ihre Kräfte, um das zu erreichen, was geschehen ist. Was also hier geschaffen wurde, ist weitaus mehr als ein System, eine Person oder Gruppe tun kann. Es war ein gemeinsames Unterfangen auf vielen Ebenen der Kräfte und des Bewußtseins, das diese Realität geschaffen hat.

F: Viele Leute wissen von einer sogenannten „geheimen Regierung" und ihren Plänen. Wie kann die Galaktische Föderation ihre Ziele erreichen, besonders in Hinblick auf das, was diese Regierung plant?

A: Wir dürfen nicht vergessen, daß dies eine göttliche Intervention ist. Und deswegen wird es auf vielen verschiedenen Ebenen vollbracht werden. Diese verschiedenen Aktions-Bereiche beziehen die Time Lords ebenso mit ein wie die Engel, die Elohim und diejenigen Mitglieder unserer Raum-Familien, die uns bei diesem Ereignis helfen wollen.

Wir sollten deshalb wissen, daß starke Kräfte um uns herum sind, die wir zu unserer Unterstützung auf unserem Planeten haben. Deshalb sollten wir die Angst davor überwinden, daß die geheime Regierung diese Ereignisse aufhalten oder verhindern kann. Bedenkt, daß eine so große Kraft in der Galaxie ist, daß sie die göttliche Intervention herbeigerufen hat. Wir müssen es einfach nur tun. Wenn man einen Stromkreis hat und einen Schalter drückt, so bekommt man ganz bestimmt Licht.

F: Die Vorgänge in unserem Land zeigen tiefe Risse und Spaltungen im amerikanischen Volk. Hier auf unserem Grund und Boden spiegeln sie die Unruhen wider, die überall auf unserem Planeten aufflammen. Scheinbar steigt die Polarisierung an. Außerdem gibt es Hinweise auf militärische Gruppen, die versuchen, die USA heimlich zu kontrollieren. Ihr Ziel ist eine Tyrannei als Weltregierung. Das wiederum würde zu den Unterlagen passen, die sich mit den „Greys" und außerirdischen Verbindungen befassen, die unter anderem als „geheime Regierungen" bezeichnet werden. Was wir heute durch unsere Medien und in unserem Land erleben, mit all den Emotionen, die hier aufgewühlt werden und dem Haß, der hier geschürt wird – wie paßt das zusammen mit den Zeitplänen und dem Szenario, das du uns beschreibst?

A: Vor fast 70 Jahren wurden erste Kontakte zwischen der Galaktischen Föderation und den Regierungen dieser Welt aufgenommen. Später kamen noch andere Kräfte mit ins Spiel. Es gab die lange Geschichte einer Vorposten-Zivilisation von Dinoiden, Reptoiden und Hybriden; die „Greys" sind eine dieser vielen außerirdischen Arten. Diese Gruppen lebten sehr lange Zeit im Untergrund. Es war ihre Aufgabe, als eine Art „fünfte Kolonne" auf den richtigen Augenblick zu warten, wenn die Dinoiden-Gruppe zurückkommen und erneut versuchen würde, dieses Sonnensystem zu beherrschen. Die Plejaden-Rebellen, die für diesen Planeten verantwortlich waren, hatten nur ihr Spiel mit ihnen getrieben, und so gab es sie noch. Die überlieferten Erfahrungen, die die meisten Menschen mit Dämonen gemacht haben, beziehen sich auf diese Lebewesen.

Seit den 20er Jahren haben sich diese Gruppen immer mehr um die Regierung bemüht. Zwischen 1920 und 1950 gab es eine Art diplomatischen Wettstreit oder Krieg, wie immer wir es nennen wollen, zwischen den dunklen Gruppen und den Licht-Gruppen. Es ging darum, in den Regierungen dieser Erde Fuß zu fassen. Die Regierungen entschieden sich, in der Zeit vor, während und nach dem Zweiten Weltkrieg, mit den dunklen Mächten zusammenzuarbeiten.

Zu Ende des Zweiten Weltkriegs gingen beide Seiten eine engere Verbindung mit den Regierungen der Welt ein. Die „geheime Regierungsgruppe" – ich will sie nicht näher bezeichnen, da ich von all diesen Gruppen Abstand halten möchte, die jetzt ein Teil davon sind – traf verschiedene schwerwiegende Abkommen mit den „Greys", den Reptoiden und anderen empfindenden Lebensformen. Diese

Vereinbarungen führten zu den Entführungen und anderen verrückten Dingen, die sich hier ereignet haben, einschließlich der Vertuschungsmanöver der Regierung, die nun seit fast 50 Jahren vollzogen werden.

Das Ziel der „geheimen Regierung" war es, Technologien in ihren Besitz zu bringen. Man wollte Wege finden, die Menschen auf der Erde zu beherrschen. Es gelang ihnen, die Technologien bis zu dem Zeitpunkt zu erhalten, zu dem die Vereinigten Staaten und die meisten anderen großen Länder in den späten 50er und den frühen 60er Jahren durch die Raumfahrt Mars und Mond erforschten. Seit den 60er Jahren gab es ja auch ein System von Satelliten etc. auf und über der Erde, die SDI wie einen Witz erscheinen lassen.

Eigentlich haben wir ja SDI-Systeme oder Sternen-Kriegs-Systeme seit den frühen 60er Jahren. Es ist heute selbstverständlich für unsere Regierung, mit geheimen Fahrzeugen zu arbeiten, die durch Gedankenübertragung gelenkt werden und die ohne Schwierigkeiten Mond oder Mars umrunden. Wir haben eine große Anzahl dieser Raumfahrzeuge, die schon seit langer Zeit benutzt werden.

Im Augenblick ist es mehr als ein Versuch, in den USA wieder eine konstitutionelle Regierung einzuführen. Wir lösen uns von einer Regierungsform, die aufgehört hat zu arbeiten, und die von den Bürgern isoliert und abgeschnitten ist. Auch von der Galaktischen Föderation wird die Regierung geächtet. Wir wissen auch, daß die Regierungen in dem Augenblick beendet sind, in dem die ersten Landungen auf der Erde stattfinden. Ein UFO-Forscher sagte: „Wenn Sie die Regierung der USA oder eines anderen Landes wären, würden Sie auch darüber schweigen, denn das bedeutet doch, daß es noch anderes Leben im Universum gibt. Und das würde wiederum beweisen, daß die USA oder andere Erd-Regierungen nur ein Teil der bestehenden Autorität um uns her sind. Eine solche Enthüllung würde natürlich ihre ohnehin schon angeschlagene Autorität noch mehr schwächen. Und deshalb werden diese Vorgänge von allen Regierungen der Welt geheimgehalten."

Aber es gibt noch eine viel tiefergehende Entwicklung als nur die, uns daran zu hindern, zu erkennen, daß es noch andere Wesen im Weltraum gibt, die mit uns in Verbindung zu treten suchen. Die Spirituelle Hierarchie hat versucht, uns Geschenke zu machen – wie z.B. die Heilige Maria, die uns in ihren Botschaften an Papst Johannes XXIII zeigt, daß es noch eine Alternative gibt. Es kommt wirklich eine göttliche Intervention. Das Eingreifen der Sirianer gibt es schon seit 1972, als sie unsere Sonne daran hinderten, eine Nova zu werden. Denn dies hätte unser ganzes Sonnensystem und natürlich auch unseren Planeten zerstört.

Die sirianische Intervention läuft also schon beinahe 25 Jahre. Nachdem das Hologramm um die Sonne gelegt wurde, war der nächste Schritt der Sirianer und ihrer Verbündeten, um ein göttliches Eingreifen zu bitten. Das Sternensystem war bereits durch sein Karma auf eine Zerstörung hin programmiert. Es ist, als ob du einen Krebs-Patienten hast und seine Ärzte sagen: „Er hat keine Chance mehr, weiter zu leben." Und du sagst: „ Ich habe eine Möglichkeit, diesem wichtigen Patienten das Leben zu retten. Da Sie keine andere Therapie kennen, die heilen kann, erlauben Sie mir bitte, meine Behandlungsmethode anzuwenden."

Dies mußte auch die Galaktische Föderation akzeptieren. Man kam überein, den Sirianern und ihren Verbündeten zu erlauben, ihre Behandlung zu beginnen.

Durch den Waffenstillstand von Anchara wurde die Intervention Anfang der 90er Jahre beschleunigt. Der Waffenstillstand ging von dem Obersten Schöpfer der Allianz aus und brachte sie auf die nächste Stufe. Er besagte, daß die Erde wirklich sehr wichtig sei. Daraufhin waren sogar diese Lebewesen, die die Erde beherrschen wollten, bereit, sie aufzugeben, unter der Voraussetzung, daß die Licht-Zivilisation lyranisch/sirianischer Herkunft auf der Erde eingeführt würde. Damit war die sirianische Vermittlung nicht mehr nur ein Experiment, sondern eine zwingende Notwendigkeit für die ganze Galaxie und die gesamte Schöpfung.

Was wir gerade erleben, ist der Anfang. Die Engel und alle, die damit befaßt sind, Leben oder Licht in diese Galaxie zu bringen, sagen, daß es geschehen wird. Mit dieser Verlautbarung konnte das große Wunder der Heilung geschehen, und darum werden auch wunderbare Ereignisse über die Erde und ihre Bewohner kommen. Wir sollten die Ängste überwinden, in die uns die weltlichen Regierungen versetzen wollen. Alles, was wir jetzt sehen, so schlimm es auch scheinen mag – diese Angst und dieses Chaos –, sie sind das Ende unserer gegenwärtigen Zivilisation.

Wie es schon in dem alten Sprichwort heißt: „Ist die Not am größten, ist die Rettung am nächsten." Das ist die Wahrheit. Die Regierung versucht uns vorzumachen, daß Unheil über uns hereinbrechen wird, indem sie noch mehr Trennung schafft. Bitte erkennt und versteht, worum es geht. Wir müssen *ein* Volk werden, und dieses wunderbare Wissen und die Liebe werden eine neue Zivilisation für uns alle erschaffen.

F: Es scheint mir, daß die Landung und alles, was dazu gehört, dies in nur einem Augenblick erschaffen kann.

A: Ja, wir sind am Anfang einer neuen Ära und damit auch am Anfang eines neuen Lebens für die Erdbevölkerung.

F: Und wird es der Regierung gelingen, uns zu überzeugen, daß wir überfallen werden, damit sie es wie immer zu ihrem Vorteil nutzen kann?

A: Ja, sie werden versuchen, es so darzustellen. Die Galaktische Föderation wird jedoch dafür sorgen, daß ihr die Ereignisse nicht entgleiten. Deshalb wird sie uns viele Engelerscheinungen mit wunderbaren Botschaften schicken. Als zweites werden die Regierungen durch eine Reihe wichtiger

Vorfälle gezwungen werden, die Aufzeichnungen offenzulegen und zu bestätigen, daß sowohl Ufos als auch sehr fortschrittliche Technologien bei uns bereits existieren. Wenn diese Fakten veröffentlicht sind, wird die Regierung der Bevölkerung die massenhaften Lügen, den Verrat und alles, was getan wurde, offenlegen. Diese Enthüllung wird in nächster Zukunft stattfinden.

F: Wenn du sagst, sie werden die Aufzeichnungen offenlegen – was meinst du damit?

A: Gerade jetzt sind einige Regierungen nahe daran, den wahren Umfang ihrer Verbindungen zu den Ufos zu enthüllen. Diese Verbindungen wurden in den letzten Jahrzehnten geheimgehalten. Dazu kommt, daß mehrere Wissenschaftler, die entweder in die Vertuschungsmanöver mit den Ufos verwickelt waren oder die diskriminierende Informationen oder Beweise über Ufos und auch Außerirdische besitzen, nun diese an die Öffentlichkeit bringen wollen. Dadurch werden wir auf der Erde schließlich erkennen, daß wir nicht allein sind und andere Lebewesen – menschlich oder nichtmenschlich – uns helfen wollen, die nächste Stufe unseres Wachstums in eine vollentwickelte Spezies und galaktische Zivilisation zu erreichen.

F: Und wer besitzt diese Unterlagen?

A: Das muß geheim bleiben.

F: Ich meine, ob das Leute von hier sind.

A: Es sind Leute von hier.

F: Und sie werden diese Information in Übereinstimmung mit der Galaktischen Föderation bekanntgeben?

A: Ja, in Übereinstimmung mit der Galaktischen Föderation.

F: Und wie wird das bekanntgegeben? Wir kennen unsere Medien.

A: Es wird bekanntgegeben werden. Mehr kann ich nicht sagen.

F: Wenn du über die Regierung sprichst, meinst du dann die gegenwärtige Administration?

A: Ja, die meine ich.

F: Wenn die Föderation und die Engel Schritte unternehmen, um uns zu einem Wandel zu verhelfen, was ist dann mit einem Wandel der Regierungsmitglieder?

A: Die Galaktische Föderation hat bereits gesagt, daß sie genug davon hat, sich mit diesen Leuten herumzuärgern, denn sie arbeiten nur darauf hin, alles unter ihrer Kontrolle zu haben. Diese Methode ist völlig anders als die göttliche Intervention. Die neue Wahrheit ist, daß die Menschen in Freiheit und ganz bewußt leben sollen. Der göttliche Plan sieht vor, daß alle ihr ureigenstes Konzept im Umgang miteinander zum Ausdruck bringen können. Jeder Mensch darf seiner Seelenmission folgen.

Die Regierungsstrukturen dieser Erde weichen weit von dem wahren Konzept einer Regierung ab, wie es in unserer gesamten Galaxie besteht. Besonders von dem Regierungstyp innerhalb der Galaktischen Föderation, die möchte, daß wir unsere neue Wahrheit begreifen.

Diese Wahrheiten will uns unsere Regierung vorenthalten, denn sie weiß, eine Veränderung würde das Ende ihrer Kontrolle über uns bedeuten. Das gegenwärtige Tauziehen wird entscheiden, ob sie eine Änderung erlauben oder verbieten werden. Zum Beispiel ist die geheime Regierung gerade dabei, die Gebiete zu vergrößern, in denen sie ihre Technologien entwickelt. Sie vergrößern ihr Waffenarsenal. Die geheime Regierung hat Strahlenwaffen, psychotronische Waffen, Raumschiffe etc. Aber all diese Waffen – weder die der Welt-Regierungen noch die der Außerirdischen – sind nichts gegen das, was im All bereitsteht. Sie haben etwa 50, 60, 80, oder 90.000 Schiffe. Wir aber sprechen von Millionen von Schiffen, die landen werden. Wir sprechen von Millionen von Engeln, die um uns sind.

Wenn ihr die Engel zählen wolltet, dann würdet ihr sehen, daß es so viele sind, daß es mehrere Lebzeiten dauern würde, all ihre Namen zu nennen. Es ist eine so ungeheuer große Zahl. Sie manifestieren jene Kräfte um uns, die uns erlauben, das zu sein, was wir sein sollen. Die Engel werden sich uns körperlich zeigen. Sie werden sich rund um die Erde zeigen und den Schiffen der Galaktischen Föderation helfen, bei uns zu landen. Die Spirituelle Hierarchie und die Galaktische Föderation werden so lange als eine Interimsregierung fungieren, bis wir mit vollem Bewußtsein dieses fließende Managementsystem der Führung vollkommen verstehen. Sie sagen, daß dies höchstens 3 Jahre dauern wird. Bis dahin sind wir bereit, interdimensional zu arbeiten und die Erde völlig zu verändern; wir werden die Bedeutung einer echten galaktischen Zivilisation erkennen und ihre Regierungsform verstehen.

Wir wenden uns ab von einer Regierung und einer Volkswirtschaft, wie wir sie heute haben, hin zu einem System, das wie etwas zu sein scheint, was die Leute in Nahtod-Erfahrungen oder in visionären Meditationen erleben. Darum wird auch in der *Offenbarung* vom Himmel gesprochen, der auf die Erde kommt, und das ist es, was auf unserem Planeten geschehen wird.

Wir sind über einen Zeitraum von 25 Jahren durch sogenannte Bewußtseins-erweckende Phasen gegangen. Jede dieser Phasen hat uns unserem Ziel näher gebracht.

F: Was ist der psychologische Grund für jene Individuen in den herrschenden Regierungen, daß sie nicht erkennen können, daß es für sie besser wäre, als selbständige Seelen zu wirken, als in einer herrschenden Position in einer 3-dimensionalen Regierung ?

A: Ihre Realität besagt folgendes: „Ja, ich bin Gott. Ich habe viel Geld, Kontrolle und Gewalt über Aberbillionen von Menschen – möchte ich da ein selbständiges Wesen sein, wenn die einzige Person, über die ich Macht hätte, ich selber wäre?" Deshalb müssen wir sie von dieser Meinung abbringen, denn sie glauben, seit sie ein kleiner Junge oder ein kleines Mädchen waren, daß es nur darauf ankäme, diese Position zu erringen.

Und plötzlich sagt ihnen eine andere Organisation größer als sie selbst – die Engel und die Galaktische Föderation –, daß sie jetzt eine andere Rolle spielen müssen. Es ist nicht mehr fair, anderen diese schrecklichen Dinge anzutun, weil sie damit Millionen von Menschen ihrer persönlichen Unabhängigkeit und ihrer Fähigkeit berauben, ihr Wissen dem Aufbau der neuen galaktischen Zivilisation zur Verfügung zu stellen: Sie sollten sich auf ihre neue Integrität besinnen und der Erde helfen, indem sie diesen Millionen von Menschen zu ihrer eigenen Souveränität verhelfen. Dies wäre ein Schritt zu wahrer Größe.

Es ist jetzt notwendig, diese Leute, die die Macht haben, zu ändern. Im Gegensatz zu anderen Menschen sind sie es, die Gewalt über Waffen und wirtschaftliche Maßnahmen etc. haben. Es wird schwierig werden, diese mächtigen Personen von ihren Ansichten abzubringen. Jedoch ist hierfür schon in den Plänen der Engel und der Galaktischen Föderation vorgesorgt und auch diese Personen werden zu der neuen Wahrheit und vollem Bewußtsein hingeführt.

F: Gibt es Kräfte – wie z.B. militärische Kräfte –, die versuchen wollen, die Raumschiffe an der Landung zu hindern, oder werden diese einfach durch die Energie, die die Schiffe umgibt, davon abgehalten?

A: Die spirituelle Kraft wird dies verhindern, denn eine der Maßnahmen bei der Landung wird es sein, kurz vorher alle technischen Einrichtungen zu zerstören oder zu neutralisieren. Die Galaktische Föderation möchte eine sanfte Landung. Deshalb hat man die Erd-Regierungen auch schon wissen lassen, daß jeder Widerstand zwecklos ist.

Die Regierungen kennen diese Wahrheit. Sie wissen, daß sie jegliche Aktionen vor der Landung einstellen müssen. Sie wollten diesen Ereignissen mit drei Maßnahmen entgegentreten: Einmal versuchten sie, die neuen Vernetzungen der Erde zu zerstören, damit die alten bestehen bleiben. Dann wollten sie die Atmosphäre beeinflussen, um jene Änderungen zu verhindern, die dem höheren Bewußtsein den Eintritt ermöglichen sollen. Als letztes bemühten sie sich, die Veränderung der Bevölkerung und der Wirklichkeit zu verhindern, denn sie wissen, daß die Menschen sich verändern müssen, damit die Veränderungen auf der Erde realisiert werden können.

Auf diesen drei Gebieten haben sie gearbeitet. Hierfür hatten sie umfassende Technologien, die ihnen die Außerirdischen (die Greys, die Reptoiden, die Dinoiden usw.) gegeben hatten. Auch die großen unbekannten Erfinder der letzten 100 Jahre hatten einigen Weltregierungen großen technischen Vorsprung verschafft. Die Regierungen sind im Besitz dieser ganzen Hardware, aber selbst damit werden sie die großen Bewußtseinsänderungen und alle neuen Ereignisse, einschließlich der Landung auf der Erde, nicht verhindern können. Es wurde versucht, falsche Invasionen vorzutäuschen und auch die gesamte Erdbevölkerung durch Gehirnwäsche zu verunsichern und unter Kontrolle zu bekommen. Aber alles war vergeblich. Sie können den Bewußtseinswechsel aufgrund der Intervention der Spirituellen Hierarchie und der Galaktischen Föderation nicht verhindern.

Der geheimen Regierung kommt immer mehr zum Bewußtsein, wie alleine sie dasteht. Den Herrschenden dieser Welt wird immer klarer, daß die Kontrolle, die sie so lange innehatten, bald zu Ende sein wird. Sie sehen das Ende kommen, und viele suchen verzweifelt nach einem Ausweg. Sie fühlen sich in die Enge getrieben wie ein verwundetes Tier –

wie der Fuchs bei einer Treibjagd. Er hört die Hunde und weiß, die Jäger kommen. So spürt er sein Ende – für die Herrschenden aber wird es nur eine Transformation sein.

Die Galaktische Föderation hat bereits ein Datum festgesetzt, an dem die Landungen stattfinden. Dann werden alle Herrschenden auf dieser Welt ihre Macht verlieren, d.h. sie werden nicht mehr existieren. Sie werden durch Wesen mit höherem Bewußtsein ersetzt, mit Regierungsräten, die unter der Obhut der Engel stehen. Diese Räte bilden dann die Ratsversammlung des Sonnensystems. Dies ist die Zukunft, auf die wir uns zubewegen. Diese Fakten sind Teil der gesamten Veränderung, welche nun schnell voranschreitet. Normalerweise würde eine solche Entwicklung Jahrzehnte, Jahrhunderte oder gar Jahrtausende brauchen. Wir aber werden die Veränderung schnell durchlaufen; sie wird bis zum 21. Dezember 2012 abgeschlossen sein. Wir haben gerade mal 15 Jahre Zeit, um das zu tun, was getan werden muß.

Wir vollbringen ein großes Wunder. Und wir vollbringen es (mit Hilfe der göttlichen Intervention) so, daß dieser Planet ein großes Vorbild für die gesamte Galaxie wird. Wir bestätigen den Bibelspruch, daß die Letzten die Ersten sein werden. Wir sind sozusagen die Kinder, die die großen alten Zivilisationen der Galaxie in dieses neue Lichtzeitalter führen, das bald in der Galaxie beginnt. Wir sind die großen Vorreiter der Veränderungen.

F: Soweit ich es verstehe, ist geplant, daß mit der Massenlandung ein Teil des Personals und der Technologien überflüssig werden. Dann werden die Mitarbeiter bis auf ein paar Berater zurückgezogen. Welche Voraussagen kannst du für den Teil der Welt-Bevölkerung machen, der das ablehnt, und den Teil, der seine Getrenntheit beibehalten möchte und alles als eine Invasion und Machtübernahme gegen seinen Willen betrachtet?

A: Nun, grundsätzlich wurde mir ein großes Bewußtseinserwachen bestätigt, welches den ganzen Planeten umfaßt. Die Menschen haben sich mehr geöffnet, als sie es für möglich gehalten haben. Die Leute denken über Engel, über religiöse Erneuerung und vieles mehr nach. Dies ist ein Teil der Vorbereitung. Sie kehren zurück zu ihrem geistigen Bewußtsein und dadurch öffnen sie sich dem vollen Verständnis dieses Erwachens in ein höheres Bewußtsein.

Die Art und Weise, wie die Landungen geplant sind, wird zu einem großen Erwachen führen. Wenn die ganze Erkenntnis über den Photonenring kommt, dann wird auch die Erinnerung vollständig erwachen. Wie die Berater der Föderation sagen, wird nur eine ganz geringe Zahl, vielleicht höchstens $^1/_{10}$ von 1% der Bevölkerung nicht einverstanden sein; und diese Menschen müssen umgestellt werden. Ihre Prioritäten müssen geprüft werden und es gibt Orte, an die sie gebracht werden können. Ein Teil der Kräfte dieser Menschen wird sich den Neuerungen widersetzen. Diese Menschen müssen einfach nur verändert werden, und das kann durch gewisse Methoden, die es im Sternensystem der Plejaden gibt, geschehen. Man wird mir das noch näher erläutern, und die Plejadier sagen auch, daß diese Menschen dort hingebracht und umgestimmt werden.

F: Die Massenlandungen werden also unsere Ansichten für immer verändern?

A: Ja. Sie geben uns ein neues Verständnis der Wirklichkeit, einer Wirklichkeit, die auf der Integration unseres spirituellen und körperlichen Selbst aufbaut. Noch wichtiger für uns in der gegenwärtigen 3. Dimension ist, daß es wichtige Vorzeichen auf Erden und im Himmel gibt, die uns die Nähe dieses Wechsels der Realität und des ersten Kontakts mit den Außerirdischen der Galaktischen Föderation anzeigen. Wir wollen im nächsten Kapitel näher darauf eingehen.

Kapitel 2

Anzeichen am Himmel und auf der Erde

Wir setzen unser Gespräch fort und betrachten den „Kometen" Hale-Bopp, die Veränderungen in unserem Körper und die Veränderungen auf der Erde.

F: Bis jetzt haben wir uns die verschiedenen Arten, wie sich die Dinge sich auf diesem Planeten verändert haben, angesehen. Gibt es auch am Himmel irgendwelche Zeichen dieser Veränderung?

A: Das wichtigste dieser „himmlischen" Zeichen ist, neben dem Photonenring, der Komet *Hale-Bopp.* Dieser Komet wurde das erstemal zu Anfang des Frühjahr 1995 entdeckt, und seit dieser Zeit hat er seinen Kurs sechsmal geändert. Dieses Verhalten ist ein Anzeichen für ein interstellares Raumschiff, welches sich diesem Sonnensystem mit einem genau vorausgeplanten Bestimmungsort nähert: in diesem Fall dem Planeten Erde und seiner Umlaufbahn. Das Schiff zeigte sich ungefähr zu dem Zeitpunkt, zu dem mir die Galaktische Föderation mitteilte, daß sich ein großes Schiff der alten Allianz mit einigen 10.000 Botschaftern der Erde im Frühjahr 1995 näherte. Da dieses interstellare Schiff aus der Richtung der Schütze-Konstellation kam, kam es aus der Hauptregion, die früher das Kerngebiet der Allianz war. Darüberhinaus unternahm es eindeutig den Versuch, sich als natürliches Objekt zu tarnen. Dieses Vorgehen entsprach den Anweisungen, daß kein auffälliges Anzeichen eines großen Raumschiffs vor der eigentlichen Landung zu sehen sein sollte. Außerdem begann das Schiff, sich selbst zu positionieren, so daß es der

Anziehungskraft der Sonne widerstehen und in eine Umlaufbahn gelangen konnte, die zwischen der der Erde und der des Mars liegt. Diese Kurskorrektur war ein sicheres Zeichen, daß es sich hier nicht um ein natürliches Objekt, sondern um ein Raumschiff handelt, das andere Lebewesen befördert, die hier eine wichtige Aufgabe zu erfüllen haben.

F: Hast du erwartet, daß der Begleiter bei ihm gesehen wird?

A: Ja, ich habe erwartet, daß es bei all den Geschehnissen eine wichtige Rolle spielen muß. Etwa zur gleichen Zeit, zu der mir mitgeteilt wurde, daß das Schiff der Allianz kommen würde, erfuhr ich auch, daß der sogenannte „Battle Planet" der alten Föderation als Begleiter des „Kometen" zurückkäme. „Battle Planet" zerstörte damals den großen Planeten, der zwischen Mars und Jupiter stand. Normalerweise hat er eine Umlaufbahn von etwa 3.600 Jahren, und es war nicht anzunehmen, daß er in den nächsten 1.800 Jahren in unserer Nähe sei. Trotzdem ist er diesmal früher als erwartet zurückgekehrt, um eine äußerst entscheidende Aufgabe zu erfüllen: Er ist das Back up-Schiff für die Landeprozedur und für eine weitere wichtige Aufgabe.

Vor etwa 900.000 Jahren hat dieses Schiff für die Allianz die Hauptquartiere zerstört und dadurch den gegenwärtigen Asteroidengürtel geschaffen. Jetzt kommt es in die Nähe der Erdumlaufbahn, um die zu ehren, die in früheren galaktischen Kriegen gestorben sind, und um den neuen galaktischen Frieden zu sichern. Das Hauptkonzil der Föderation gab seine Zustimmung, daß wenn diese Aufgabe erfüllt sei, der „Battle Planet" weitere 3 Jahre in diesem Sonnensystem bleiben solle. Dann ist seine Aufgabe beinahe abgeschlossen, und er verläßt dieses System genau so, wie er gekommen ist – als stolzes Mitglied der Föderation.

Sein Hauptkarma entstand vor etwa 12.000 Jahren. Zu der Zeit war er das Hauptquartier für jene plejadischen und zentaurischen Rebellen, die die alte Ordnung der Regierungen mit eingeschränktem Bewußtsein schufen – die postatlantischen Zivilisationen der Vergangenheit und der Gegenwart der Erdgeschichte. Alles wurde vergeben. Der wahre Grund für das Hiersein des Kometen und seines Begleiters ist also, altes Karma zu beenden und den erst vor kurzem geschaffenen galaktischen Frieden zu sichern.

F: Welche Aufgaben hat der Begleiter gegenüber dem „Kometen" Hale-Bopp genau zu erfüllen?

A: Dieses spezielle Raumschiff wurde vor Millionen Jahren für die galaktischen Kriege gebaut. Ich habe schon früher erwähnt, daß es von verschiedenen Rebellen der Föderation besetzt war, um Atlantis (Altea) zu helfen, die Erde zu unterwerfen. Anfang 1994 wechselten diese Rebellen schließlich auf die Seite der Galaktischen Föderation. Ein Jahr später wurde ihr „Planet" sowohl von menschlichen als auch von OSB Truppen besetzt. Er mußte seinen Orbit ändern und im Sommer 1995 die Laufbahn des „Kometen" Hale-Bopp schneiden. Danach sollte das Schiff den Kometen zu seinem Zusammentreffen mit der Erde begleiten. Zu dieser Zeit sollte es Teil der Zeremonien am Ayers Rock in Australien sein, um die vielen Botschafter auf ihrer Erdkolonie zu begrüßen.

Zusätzlich dient das Raumschiff als Rückendeckung für die landende Flotte. Dies wird in zwei Schritten geschehen: Zuerst wird der Komet mit den verschiedenen Regierungen der Welt Kontakt aufnehmen, sobald er sich dem Jupiter nähert. Er überbringt eine Reihe von besonderen verschlüsselten Botschaften, die die Bedeutung der Massenlandung unterstreicht. Der zweite Teil seiner Mission besteht darin, ein neues Hologramm auf das Sonnensystem zu projizieren, nachdem das Photonenring-Szenario Ende 1996 geändert worden war. Bis jetzt hat dieser Begleiter seine Aufgaben gut und effizient erfüllt.

F: Also ist der ganze Zweck des Auftauchens des Kometen und seines Begleiters in unserem Sonnensystem die erste Kontaktaufnahme der Galaktischen Föderation?

A: Ja, das ist wahr. Die Erde ist der Schlüssel, der schließlich die Tür zum galaktischen Frieden öffnet. Auf diese Weise sind die Aufgaben des Kometen und seines Begleiters miteinander verbunden. Jeder ist ein Aspekt dieses unglaublichen Ereignisses – des galaktischen Friedens. Denn die Verträge, die unterzeichnet wurden, sichern den endgültigen Erfolg der Mission, eine galaktische Zivilisation auf die Erde zu bringen, die der große Beweis gegenseitigen Vertrauens ist, das diese Abkommen untermauert haben. Trotzdem wissen alle Beteiligten, daß es noch ein großes Hindernis gibt: die derzeitigen Weltregierungen und die große Angst auf der Erde.

F: Die Föderation hat also gewußt, was für ein gewaltiges Unternehmen sie damit begonnen hat?

A: Auf jeden Fall. Der Föderation wurde klar, daß die Frequenz der Erdbewohner durch die Engel-Hierarchie erhöht wurde. Sie wußten auch, daß jetzt viele ihrer Mitarbeiter auf der Erde verkörpert waren. Diese Quellen sollten bei dem Gesamtplan berücksichtigt werden. Deshalb rief die Föderation einige ihrer Mitarbeiter, die inkognito auf der Erde lebten, zurück, um an der Planung mitzuarbeiten. Mit Zustimmung der Engel-Hierarchie wurden viele der Berater zurückgeholt, als sich ihr Lebensziel auf der Erde dem Ende näherte. Diese Berater bildeten den Kern für die Verbindungsgruppen, die den Weg für die Massenlandungen ebnen sollten.

F: Wie konnten sie einen so komplizierten Plan aufstellen?

A: Die erste Aufgabe war es, die erste Begegnung mit der Erdbevölkerung vorzubereiten und dank der Erfahrung der von der Erde zurückgekehrten Berater die Veränderungen, die von der Engel-Hierarchie der Engel vorbereitet werden, zu unterstützen. Hierfür mußte auch jede mögliche Reaktion berücksichtigt werden, die ein begrenzt bewußtes Wesen zeigen könnte – insbesondere Angst-Reaktionen. Die Regierungs-Frage wurde dem ersten Kontakt-Team überlassen.

F: So konnten sie im Grunde diese verschiedenen Reaktionen vorwegnehmen und sind darauf vorbereitet, damit umzugehen.

A: Ja. Sie haben mir während der letzten paar Jahre erzählt, daß über jede Person auf Erden ein vollständiger Bericht vorliegt. Es ist ein Bericht über den geistigen, seelischen und emotionalen Zustand, der ihnen zeigt, auf welcher Ebene der Mensch steht und mit welchen Reaktionen sie rechnen müssen. So wissen die Berater, was sie erwartet und wie sie damit umgehen müssen, damit jeder einzelne versteht, was vorgeht.

F: Da kommt mir eine logische Folgerung in den Sinn. Wir wurden gelehrt, Dinge zu tun, von denen wir uns Vorteile für uns selbst erhoffen. Um es in unserer Sprache zu sagen: „Was bringt mir das?"

A: Was das bringt, ist, daß ihr in einer Gesellschaft leben werdet, in der ihr eure eigenen schöpferischen Fähigkeiten ausleben könnt. Zum erstenmal werdet ihr von der Bürde des Überlebens, wie Beruf, Ausbildung etc. befreit sein, welche euch bisher wenig Freude machte.

F: Ich meinte mit meiner letzten Frage, was dies den Außerirdischen bringt.

A: Den Außerirdischen?

F: Ja. Warum helfen sie uns? Was sind ihre Beweggründe?

A: Es gibt zwei wichtige Gründe. Der erste ist, daß dieser Planet und sein Sternensystem Teil einer großen Geschichte ist, die davon handelt, die Galaxie von der Dualität von Licht und Dunkelheit zum vollkommenen Licht zu führen. Die Galaktische Föderation will das geschehen sehen, weil das auch anderen Teilen der Galaxie helfen wird, ins Licht zu gelangen und das zu schaffen, was man in dieser Galaxie eine „größere Föderation des Lichts" nennt.

Der andere Grund ist, daß die Verträge noch nicht fixiert sind und die früheren Allianz-Mitglieder wollen, daß die Föderation ihre ersten Kontakte innerhalb einer kurzen Frist knüpft. Dies sind die beiden wichtigsten Gründe, weshalb die Galaktische Föderation hier ist und weshalb sie dies als große Verpflichtung ihrerseits betrachtet.

F: Gäbe es diplomatische Schwierigkeiten, wenn die Föderation hierbei versagt?

A: Viele Mitglieder der Allianz, die sich der Föderation in den letzten Jahren angeschlossen haben, betrachten diesen Planeten als den Grundstein für die spirituellen Energien dieser Galaxie. Dies mag manchen Leuten unverständlich erscheinen, die sich selbst als Wesen einer niederen Planeten in einem unbedeutenden Sonnensystem betrachten. Unser Planet ist sehr bedeutend für die Geschichte der Galaxie. Die Föderation, die Allianz und jedes größere Sternensystem der Milchstraße hat Anspruch darauf erhoben.

Als Teil dieses Friedens gaben diese neuen Mitglieder ihre Ansprüche an das Sonnensystem nur auf, wenn es dafür sofort mit einer galaktischen Zivilisation, die ein 100%iges Mitglied der Föderation ist, in volles Bewußtsein gebracht wird. Diese Ansprüche der früheren Allianz haben schreckliche Kriege ausgelöst – viele, viele schlimme Kriege, die sich fast über die ganze Galaxie ausgebreitet haben. Darum ist dieser Punkt so wichtig – er wird nicht scheitern.

F: Sind wir so eine Art „kosmischer Grundbesitz", um den sich die Leute streiten?

A: Sie haben sich seit Millionen von Jahren um uns gestritten.

F: Aber grundsätzlich: Sind wir eine Art Preis?

A: Wir sind der Grundstein der Verträge von Anchara. Anchara, der Mutter/Vater Gott der Dunkelheit, hat immer gesagt (in dem, was ich die Lehren von Anchara nenne), daß dieses Sternensystem der Gipfel der Kräfte der Schöpfung ist. Dieses Sternensystem besitzt die Grundbausteine des Lebens und darum muß es Teil ihres Daseins sein. Die Föderation, vertreten durch die Plejadier, Sirianer und andere, hat diesen Stern seit Millionen von Jahren als Teil der Galaktischen Föderation betrachtet.

Ihr seht, da gibt es tiefgreifende Ansprüche. Das ist fast wie Israel oder Bosnien auf einer riesigen Waagschale, und das seit Millionen und Abermillionen von Jahren. Was wir hier also haben, ist die Chance, diesen ganzen Prozeß der Harmonie ein für allemal abzuschließen. Darum ist dieses ganze Phänomen, das sich gerade auf der Erde abspielt, eine so schwere Verpflichtung für die Föderation und besonders für die neuen Mitglieder. Für sie ist dieser Wandel des Bewußtseins die einzige Alternative. Es ist fast so, als ob alle Verhandlungen in Israel abgebrochen würden und bald ein neuer arabisch/israelischer Krieg zu erwarten wäre. So ähnlich ist es hier. Deshalb muß die Harmonisierung unbedingt gelingen.

F: Werden deshalb so viel Engagement, Personal und Rohstoffe eingesetzt, damit dieser Erfolg gesichert ist?

A: Ja, richtig. Das ist der Grund. Es gibt sowohl menschliche wie auch andere empfindende Wesen als Reserven für diese Entwicklung in der Galaxie. Die Sirianer haben viel Unterstützung von ihren früheren Feinden erhalten, wenn ihr sie so nennen wollt, denn sie sind Experten in Psychologie und Genetik und sogar weiter fortgeschritten als die Menschen. Die Föderation hat diese Hilfe genutzt, um die Veränderung unserer Genetik und unseres Bewußtseins zu überwachen.

Es gibt hier eine große Menge von Berührungspunkten. Auf eine gewisse Art, das muß ich vorausschicken, arbeiten die beiden Gruppen, die sich früher bekämpften, jetzt an diesem Großprojekt zusammen. Das festigt die guten Absichten und zeigt uns Systeme und Wege, auf Dauer brüderlich miteinander umzugehen. Es zeigt auch, daß völlig verschiedene Wesen gut zusammenarbeiten können. Sie können sogar Freunde sein. Das ist die erstaunlichste Entwicklung, die es an der galaktischen Front gibt.

Es hat einen tiefgründigen Wandel auf diesem Planeten und auch in dieser Galaxie gegeben. Hier geschieht eine großartige und wunderbare Sache. Die verschiedenen Elohim und anderer Gruppen, die mit beiden Seiten verbunden waren, verbinden sich jetzt von neuem. Zum erstenmal in Billionen und Aberbillionen von Jahren kommen die schöpferischen Elohim dieser Galaxie in Spirituellen Räten wieder zusammen, die seit Äonen voneinander getrennt waren.

Diese Veränderung ist mehr als nur ein unwahrscheinliches Ereignis auf realer Ebene, soweit es die verschiedenen Rassen und Arten in den verschiedenen Teilen der Galaxie betrifft. Wir sehen eine Veränderung in der gesamten galaktischen Schöpfung und den galaktischen Vereinigungen und Allianzen. Es geschieht jetzt auf allen Ebenen. Es ist ein ganz erstaunliches Ereignis, das gerade jetzt, in diesem Moment, geschieht.

F: Es gibt verschiedene „Channels", die sagen, unser Planet werde von Reptoiden und Dinoiden kontrolliert. Wie ist der gegenwärtige Stand der Reptoiden und Dinoiden in bezug auf die Ereignisse, von denen wir gerade sprechen, und zu diesem Teil der Galaxie?

A: Mit den Verträgen von Anchara haben die Stämme der Reptoiden und der Dinoiden und ihrer Alliierten, den Amphiboiden, Insektoiden usw. jetzt einen Waffenstillstand mit diesem besonderen Planeten und dessen Sonnensystem geschlossen. Sie beginnen jetzt mit der Unterstützung der Galaktischen Föderation, weil viele von ihnen jetzt Mitglieder sind, und es ist ihr Ziel, als ein gemeinsames Team zu handeln. Die neuen Team-Mitglieder der Galaktischen Föderation sind nun ein Teil des Vereinigungsprozesses, der es unserem Planeten ermöglicht, zu seinem großen vorherbestimmten Wechsel zu gelangen.

Dieser Planet ist ein großes Vorzeichen sowohl für die meisten anderen Lebewesen wie auch für eine Reihe menschlicher Zivilisationen geworden. Er steht für das galaktische spirituelle Licht. Die Dinoiden, Reptoiden, Insektoiden und andere empfindende Zivilisationen – die den Großteil der Zivilisationen im Sternensystem der Milchstraße ausmachen – haben eine große Legende. Sie besagt: Wenn dein Sternen- oder Sonnensystem einst vollkommen in das Licht eintritt (eine sehr bewußte Zivilisation entwickelt), wird es eine galaktische Licht-Zivilisation, mit einem voll-bewußten Planeten und einem voll-bewußten Sternensystem werden. Diese Entwicklung wäre das Zeichen, das Große Vorzeichen, daß die Lichtenergien aller Planeten und Sterne in dieser Galaxie in Licht verwandelt werden müssen.

Diese Legende wurde durch den Waffenstillstand von Anchara unterstützt, der sie im Grunde den früheren Allianz-Mitgliedern bestätigte. Dies ist auch der Grund, warum sich die Planeten- und Sternensysteme dieser Galaxie von der Opposition zu einem großen Waffenstillstand gewandelt haben. Es war ein Ereignis, das eine große Vereinigung in Licht und Bewußtsein schuf. Es ist erstaunlich, was allein in dieser Galaxie geschah. In den letzten drei Jahren hat sich der von der Galakischen Föderation besetzte Raum von weniger als 1/4 auf 3/4 (fast 80%) des Raums in der Galaxie vergrößert. Der Hauptgrund ist der Anstieg des Bewußtseins auf der Erde, und deswegen ist sie das Prunkstück der Galaxie. Die Menschen auf der Erde haben diesen großen Bewußtseinswandel geschaffen.

F: Was ist mit den übrigen Außerirdischen, die Verträge mit unserer Regierung haben?

A: Die haben uns zum größten Teil verlassen. Ihre Hinterlassenschaften, wie z.B. Klone, Technologien etc., die der Interaktion dieser Wesen mit unseren Regierungen entstammen, sind noch da. Sie selbst haben nun den Planeten bis auf diese Überreste verlassen. Ihr müßt wissen, daß die negativen Kräfte um die Erde herum und gewisse psychische interdimensionale Einflüsse, die sich ab und zu zeigen, diese Überreste sind. Dies kann deshalb gelegentlich auftreten, weil sich einige Sternentore von Zeit zu Zeit öffnen und wieder schließen. Zum größten Teil sind diese Sternentore jetzt genau reguliert. Diese Entwicklung ist auch ein Beweis, daß die Zeit der Dunkelheit vorbei ist und die des neuen Lichts beginnt.

F: Gibt es Sternenzivilisationen im Orion, die Teil der Galaktischen Föderation sind?

A: Ja, die Amphibien-Gruppen stellten die Weichen, daß viele der Haupt- Gruppen die reptoide Allianz verließen und sich der Föderation anschlossen. Stützpunkte, die noch vor weniger als 30 Monaten zum Hauptgebiet der Allianz gehörten, sind heute Haupt-Stützpunkte der Föderation. Die Orion-Allianz-Mitglieder sind nun Mitglieder der Galaktischen Föderation. Diese Fakten sind Teil des massiven Wechsels der Bündnisse, der während der letzten drei Jahre seit dem Abkommen von Anchara erfolgt ist.

F: Wie kam es dazu, daß die Sirianer und die Plejadier zu so verschiedenen Ansichten bezüglich der Erde kamen?

A: Erstens liegt dies schon in der Natur der Plejadier. Sie waren in viele Kriegskarmas verwickelt, da sie eine Außenposten-Zivilisation waren. Wegen der Intervention der Plejaden-Rebellen und dem Fall von Atlantis haben sie die Erde als Kriegskarma betrachtet. Sie sahen ihre Rolle auf der Erde darin, sich zurückzulehnen und zu warten, bis sich das Karma erfüllen würde, denn sie glaubten, dies müsse auf seine eigene Art und Weise geschehen.

Die Sirianer hatten ganz andere Ansichten. Sie waren Teil der menschlichen (lyrianisch/sirianischen) Sternen-Nationen, die galaktische menschliche Zivilisationen in die Galaxie bringen. Die Sirianer betrachten es als ihre Aufgabe zu vermitteln. So versuchten sie immer wieder, uns spirituell zu helfen, und zeigten uns vorbildliches Verhalten, um zu einem höheren Bewußtsein zu gelangen. Wenn die Erde ihr volles Bewußtsein in Anspruch nehmen wird, werden es die Sirianer sein, die mit Zustimmung der Föderation aktiv intervenieren. Was wir derzeit durchleben, entspricht genau diesem Plan.

F: Wie kommt es, daß die Sirianer und die Plejadier jetzt versöhnt sind?

A: Die Plejadier betrachten die Veränderungen, die jetzt auf der Erde und in der Galaxie vor sich gehen, als bedeutendes Zeichen, daß nun die Zeit gekommen ist, in der ihre Gesellschaft aufhören muß, sich als Außenposten der Zivilisation zu sehen. Sie sehen sich jetzt als galaktische menschliche Zivilisation. Sie passen sich an. Die Plejadier betrachten die Sirianer, die Lyrianer und die anderen Gruppen, die seit vielen Millionen Jahren diese Zivilisation haben, als ihre Vorbilder.

Die Plejadier beobachten auch den ganzen Prozeß der Veränderung auf der Erde (von der eingeschränkten Bewußtseinsebene bis zur vollen galaktischen menschlichen Zivilisation) als Vorbild für ihre eigenen Veränderungen. Daher kann man fast sagen, daß die Menschen das tun, was in der Bibel geschrieben steht: Wir, die Kinder, lehren die Eltern, d.h. die ältere plejadische Zivilisation, alles, was sie für ihre Veränderung wissen müssen.

F: Es ist ja schon einige Zeit her, daß uns das Material gechannelt wurde – wie ist die aktuelle Abfolge der Ereignisse, wie sie geplant sind?

A: Im Augenblick ist wichtig, daß die Raumschiffe mit den Engeln zum richtigen Zeitpunkt eintreffen. Ehe sie eintreffen, sollten auch einige Licht-/Lebens-Zentren sowie die planetarischen Beratergruppen gebildet sein. Sobald diese Knotenpunkte und Netzwerke erfolgreich installiert sind, werden die Föderations-Berater das Endstadium einleiten. Es wird der Wechsel in das volle Bewußtsein sein. Dieser Plan liegt noch innerhalb der von der Föderations-Kontakt-Gruppe gesetzten Frist. Im Augenblick helfen sie uns indirekt dabei, jene Kommunikationssysteme zu schaffen, die sie für den Operationsplan brauchen.

F: Werden wir die höchste Bewußtseinsebene erreicht haben, bevor wir in den Photonenring eintreten?

A: Fast. Wir werden in einem Zustand des höchsten Bewußtseins sein, denn wenn die Schiffe landen, werden sie beginnen, so schnell wie möglich unser Gedächtnis aufzufrischen. Dies wird uns zu einem Wissen verhelfen, mit dem wir zur höchsten Bewußtseinsebene aufsteigen. Es wird so sein, als ob man sich einen Film über das Fliegen ansieht, bevor man selbst ein Flugzeug fliegt.

F: Erklärt das die Bemerkung: „Wir werden ausgebildet, bevor wir voll in den Photonenring eintauchen?"

A: Sie werden die Erdbewohner ausbilden. Die Berater sind die, die am einfühlsamsten sind und die seit ihrer Kindheit wissen, daß sie Verantwortung tragen. Sie werden als erste gelehrt, sich zu erinnern, was sie sind und was sie zu tun haben. Einige werden zu vollem Bewußtsein erwachen, andere werden unverändert bleiben. Jeder von uns hat seine eigene Methode, mit der er sich selbst und den anderen helfen wird.

F: Da wir ja so wenig Zeit haben, um so viele Phasen der Veränderung zu durchlaufen – kannst Du uns etwas über die Gnade sagen?

A: Ja, wir befinden uns in einer Zeit der Gnade. Die Gnade, die wir empfangen, erlaubt es uns, leicht und von soviel Liebe wie möglich umgeben durch den Evolutionsprozeß zu gehen. Wir stecken mitten in einer großen Veränderung der inneren wie der äußeren Realität. Seid euch gewiß, daß die Engel, die für die gesamte Zellstruktur eurer Körper verantwortlich sind, wie auch die Berater der Föderation, die diesen Wechsel überwachen, für uns da sind und uns mit Licht und Liebe zur Seite stehen.

F: Wenn ich mich so selbst betrachte, sehe ich mich in diesem Körper, in dieser Realität bis zu dem Echo, und dann sehe ich auf der anderen Seite mich selbst in meinem nächsten Körper, mit einem anderen Bewußtsein. Kannst du dazu etwas sagen?

A: Wenn sich die psychischen Kräfte verändern, verursacht dies einen massiven Realitätswandel für diejenigen, die bewußt sind und erkennen, was passiert. Ihr werdet dann in die nächste Bewußtseinsebene aufsteigen, die ihr durchlaufen müßt.

F: Wird dies der „Aufstieg" genannt werden?

A: Beinahe. Es ist eher ein Aufsteigen im Bewußtsein, ein weiterer Aufstieg zu einer Ebene, den manche entweder als ein plötzliches Anheben ihrer Wahrnehmung empfinden oder es ist ein Gesundheitsproblem irgendwelcher Art. Wie auch immer, es wird eine endgültige Veränderung ihrer Realität verursachen.

F: Wie verhält sich diese Bewußtseinsänderung zu den Veränderungen unseres Körpers?

A: Da gibt es eine enge Verbindung zwischen beiden. Auf viele Arten ist der Körper unser Werkzeug, um diese Form der physischen Realität zu erfahren. Deshalb werden die körperlichen Veränderungen auch unseren Geist stark verändern und umgekehrt. Wir dürfen nicht vergessen, daß wir Wesen sind, die zwei Seiten haben. Jeder Teil ist Teil eines Ganzen, der mit allen anderen auf noch unvorhersehbare Weise verbunden ist. Jeder Aspekt kann den anderen beeinflussen. In unserem Fall ist es die Ebene der Seele für den Geist und die RNS/DNS für die physische Seite. Wir müssen dieses Konzept als Grundlage betrachten, denn es erklärt, wie sich eine Wechselbeziehung zwischen einem Segment und dem anderen herstellen läßt.

F: Also ist jeder RNS/DNS-Strang ein physischer Gedanke?

A: Ganz richtig. Jeder Aspekt eurer Genstruktur ist ein spezifischer Gedanke. Es ist der Gedanke, der euch erschaffen hat. Er wurde dann von der Umgebung beeinflußt, die euer Geist für seine Erfahrung erschuf. Also, du bist einerseits dein eigener Gedanke und andererseits der Gedanke deiner Vorfahren. Du bist eine Verschmelzung von Gedanken, die speziell dafür entwickelt wurden, daß du das sein kannst, was du bist. Dieser Gedanke, dieses Licht, hat die Gene erschaffen, die du in jeder Zelle deines Körpers hast. So wie du im Bewußtsein wächst, ändern sich auch die physischen Proteine, die dein physisches Wesen bilden. Diese Entdeckung führte zu einem neuen Zweig der Biologie – der Quanten-Biologie. Es wurde bewiesen, daß es tatsächlich eine Verbindung zwischen der Seele und dem Körper im Innersten gibt. Diese Tatsache führt zu der Schlußfolgerung, daß wir uns auf einer neuen Evolutions-Ebene der Beziehung unseres Geistes mit unserem Körper befinden. Auch können wir beweisen, daß sich unserer RNS/DNS auf zwei Ebenen verändert.

Als erstes gibt es da die 46 Gen-Paare, die die menschliche Genstruktur bestimmen. Für einige Genetiker sieht es so aus, als ob wir uns auf eine Evolution zubewegen, bei der 48 Gen-Paare eingesetzt werden. Diese neue Zusammensetzung könnte die Grundlage für die Sternen-Tetraeder-Konfiguration sein, die das erwachte Bewußtsein kennzeichnet.

Zweitens sind wir jetzt mitten in dem weltweiten Phänomen, wo der weitgehend unbeachtete innere Strang unserer RNS/DNS-Helix nun für unsere Entwicklung wichtig wird. Diese letzterer Änderung der RNS/DNS könnte der Grund für viele Ermüdungserscheinungen und Virus-Infektionen des Körpers sein, die uns seit langem plagen.

Forscher auf diesem Gebiet trafen sich im Frühjahr 1995 zu einer Spezialisten-Konferenz in Mexico-City. Sie erkannten, daß diese Veränderungen des Menschen Ausmaße einer Epidemie annehmen würden und sofort etwas getan werden müsse. Ihre Belange stießen auf taube Ohren, und es wurde entschieden, daß über diese genetischen Veränderungen nicht weiter öffentlich diskutiert werden sollte, es sei denn, diese Tatsachen würden der Lächerlichkeit preisgegeben. Wieder einmal waren ein Meer des Schweigens und Fehlinformation an der Tagesordnung.

F: Warum wurden diese Tatsachen nicht öffentlich diskutiert?

A: Die dokumentierten Veränderungen unserer RNS/DNS zeigen, daß wir uns als Rasse schnell in etwas verändern, das unsere jetzige Zivilisation nicht kontrollieren kann – in Menschen mit höchstem Bewußtsein. So ein Lebewesen ist empfänglicher und sich des Wechsel seiner Umgebung mehr bewußt. Es ist ein Wesen, das sich seiner Fähigkeiten bewußt wird. Es versteht die Bedeutung der Engel- und der Deva-Reiche in vollem Ausmaß für unsere physische und spirituelle Realität. Kurz, wir beginnen zu dem zu werden, was wir sein sollen.

F: Wird uns dies zu dem Konzept einer EINHEIT führen?

A: Ganz sicher. Wir haben von der medizinischen Forschung gelernt, daß sich jedes Atom eines Lebewesens auf diesem Planeten irgendwann mit dem eines anderen verbinden wird. Wir begreifen, wie verbunden wir eigentlich miteinander sind. Auch diese uns verbindende Erkenntnis erweitert unsere RNS/DNS. Wir verwenden die Grundsteine der Natur, um unsere RNS/DNS aufzubauen. Jeder von uns hat die materielle Essenz eines anderen in sich. Sie ist in unseren Genen. Darum beinhaltet das Konzept unseres vollen Bewußtseins auch, uns selbst als Teil der anderen zu sehen. Und trotzdem, wir haben etwas in uns, das uns einzigartig macht, auch wenn wir uns die Materie teilen. Auch dieses Wissen ist wichtig: Wir sind engelhafte Wesen in menschlicher Form mit einzigartigen Gedankengängen.

Diese Gedanken haben uns geschaffen, und jetzt werden einige davon, die uns unsere Gesellschaft in unserer Kindheit vergessen ließ, wieder wach. So wird unser Aufstieg vor sich gehen. Es ist ebenso eine Rückkehr in unsere Kindheit wie auch in eine viel frühere Zeit, die Zeit vor den Experimenten von Atlantis, als wir das letztemal volles Bewußtsein auf der Erde erfuhren. Jetzt sind wir bereit, dieses unglaubliche und ungenutzte genetische Material unseres 3. RNS/DNS-Strangs anzunehmen und ein neues Wesen zu werden – ein voll bewußter Mensch. Dies ist die Erneuerung, die jetzt in uns vorgeht. Wir erleben einen Wechsel, der sich in großen Wellen rund um unseren Planeten bewegt.

F: Was meinst du damit?

A: Das ist der Prozeß, bei dem jeder einzelne die neue Realität auf seine eigene Art erfährt. Jeder von uns ist des vollen Bewußtseins fähig. Als Atlantis gezwungen wurde, seine Experimente vorzeitig abzubrechen, hat man nicht alle Wege, die uns quasi magisch zum vollen Bewußtsein zurückbringen konnten, verbaut. Das frühere Wissen, wie man das große innere Licht in uns weckt, würde diese Wege wieder frei machen – die Rückkehr zur vollen Bewußtheit. Das wurde „Erleuchtung“ genannt. Wie du weißt, spielen dabei jene äußerst empfindlichen Proteine, die in unseren Genen und auch in der Zirbeldrüse unseres Gehirns zu finden sind, eine wichtige Rolle.

Jeder einzelne ist eine Reihe von besonders erschaffenen Gedankenformen, welche die üblichen Bausteine dieser Erde benutzten. Daher sind wir – auch ohne göttliche Intervention – dazu bestimmt, in allernächster Zeit zu erwachen. Jeder ist programmiert, als Teil der endlosen Welle zu erwachen, die unseren Planeten so lange überzieht, bis alle davon erweckt wurden.

Diese Zeit ist einzigartig, weil die Räte der Engel den Zeitrahmen enger gespannt haben. Was vorher vielleicht Jahrzehnte dauerte, liegt nun in unmittelbarer Zukunft. Die Erde ist anscheinend bereit, noch in diesem Sommer in die 4. Dimension zu gehen. Alle Hinweise deuten darauf hin, daß unser Sprung ins volle Bewußtsein zu dieser Zeit getan wird. Das Schicksal und die Bestimmung werden es zeigen. Aber ich glaube, daß wir unmittelbar vor diesem Ereignis stehen.

F: Was geschieht mit unserem Planeten, während von den Menschen ein genetischer Wandel und eine Bewußtseinsveränderung vollzogen wird?

A: Augenblicklich durchläuft die Erde zwei grundlegende Veränderungen, die spiegeln, was mit uns geschieht.

Erstens bereitet sich das magnetische Feld der Erde auf eine Verschiebung vor. Dieses magnetische Feld hält das Bewußtseinsfeld der ganzen menschlichen Zivilisation. Es bereitet sich jetzt darauf vor, sich zu verändern oder die Pole zu verlagern. Wenn es also auf den Nullpunkt absinkt und sich umkehrt, wird es die frühere Bewußtseinsebene der Erde abschütteln und einer neuen zur Geburt verhelfen.

Zweitens liegt der Schuman-Resonanz-Zyklus bei 11.9 und wird bald 13 erreichen. Das wird uns in eine andere Dimension katapultieren. Das wird ebenfalls als ein Zeichen angesehen, daß unser Bewußtsein bereit ist, die Energien höherer Dimensionen zu empfangen. Diese beiden Anzeichen für den Zustand der Erde scheinen ebenfalls im Sommer 1997 ausbrechen zu wollen.

F: Wenn das geschieht, was bedeutet das für unsere nahe Zukunft?

A: Es besagt, daß uns die Zukunft verspricht, daß wir in einem „Fenster der Gelegenheiten" sitzen. So ein Fenster verspricht uns die Möglichkeit, nicht nur unseren Planeten, sonder auch unsere Zivilisation und uns selbst zu verändern. Wir sind mitten in einer Bewußtseins-Revolution, die uns eine neue Realität, und damit einhergehend, eine neue galaktische Zivilisation bringt.

F: So sind wir also bereit für eine neue Form der Organisation. Die Frage ist: Wann ist es soweit?

A: Der Schlüssel zu dem, was wir tun müssen, ist, uns zusammenzuschließen und Planetarische Fürsprecher-Gruppen zu bilden und dabei die Prinzipien des fließenden Managements anzuwenden. Nur so können wir verstehen, wie diese neue Bewußtseins-Zivilisation funktionieren wird. Laßt uns dieses Thema und andere im nächsten Kapitel behandeln.

Kapitel 3

Einer neuen Wirklichkeit entgegen

In diesem letzten Kapitel wird erklärt, wie die Veränderungen ganz neue Organisationen entstehen lassen und wie die Galaktische Föderation und ihre Teams nach der Landung weiter vorgehen.

F: Welche Aufgaben haben die Lebens/Licht-Zentren?

A: Diese Zentren haben zwei wichtige Aufgaben: Zum einen müssen sie ein Versammlungsort sein, an dem die Lichtarbeiter sich treffen und miteinander ihre weitere Arbeit besprechen können – auch muß das Zentrum ihnen helfen, sich auf die eigenen Aufgaben vorzubereiten. Zum anderen soll das Zentrum dem Informationsaustausch dienen. Die Zentren werden die Knotenpunkte für ein weltweites Netzwerk sein, von dem aus Informationen aller Art an die verschiedenen Gemeinschaften rund um den Planeten weitergeleitet werden. Auf diese Weise können sie sich viel weiter verbreiten.

Diese Orte werden später, nach der Landung, Fernseh- und Kommunikationszentren. Hier werden die Fäden zusammenlaufen, die die Licht-Netzwerke, eine Voraussetzung für die Erschaffung einer neuen Zivilisation, bilden.

Wir müssen lernen, uns gegenseitig zu unterstützen. Das ist eine dringende Notwendigkeit, wenn wir unser volles Bewußtsein erreichen wollen. Wenn wir uns von einer Gesellschaft lösen, die auf Wettbewerb aufgebaut ist, wird sich das Konzept vom Individuum, das durch Entfremdung von anderen getrennt ist, zum Konzept vom Individuum als Teil einer ganzen Gemeinschaft wandeln.

Jeder Mensch wird lernen, was es heißt souverän zu sein, deshalb müssen wir uns gegenseitig in unserer Souveränität unterstützen. Dies geschieht durch gegenseitiges Verständnis und die vollkommene Liebe zu uns selbst und den anderen. Das ist die Grundlage aller planetarischen Fürsprecher-Gruppen.

Planetarische Fürsprecher-Gruppen sind Leute, die zusammenkommen, um ihr neues Bewußtsein durch den Austausch neuester Erkenntnisse zu stärken und das zu bilden, was ich gerne die Lebens-/Licht-Zentren nenne. Sie werden Knotenpunkt der Information und Versammlungsorte sein. Wir hoffen, daß in nächster Zeit rund um den Planeten Hunderte solcher Zentren entstehen.

Die Fürsprecher-Gruppen und Zentren müssen auf die Erde ausgerichtet sein. Sie werden uns drei Dinge bieten: Erstens werden sie uns helfen, neue Heilmethoden zu erlernen. Zweitens versorgen sie uns mit Kommunikationszentren und Netzwerken und schließlich – und das ist das Wichtigste – übermitteln sie uns die Informationen über das, was geschieht.

Die planetarischen Fürsprecher-Gruppen können sich auch in den Zentren treffen. Unter anderem findet man dort Kontakte zu Heilern, die uns helfen, unsere Transformation besser zu verstehen. Mit diesem Wissen können wir dann die neue Wahrheit an andere weitergeben.

Die Zentren ermöglichen es den verschiedenen Gruppen auch, voranzukommen und sich selbst darzustellen, denn sie können zweifach genutzt werden. Jeder von euch ist genauso wichtig wie der andere. Eure eigenen Erkenntnisse der Bewußtseinsveränderung sind alle von gleicher Bedeutung, und es ist wichtig, daß wir unsere Erkenntnisse miteinander teilen.

Wir müssen uns gegenseitig unterstützen und unsere Erfahrungen austauschen. Das ist für den ganzen Prozeß sehr wichtig. Bewußte Wesen müssen lernen, sich auszudrücken und sich zu verstehen, indem sie ihr Wissen an andere weitergeben. So gewinnen auch andere von unserer Erfahrung. Jeder von uns kann dann mit seiner eigenen Erfahrung reagieren.

Es dreht sich also um einen gegenseitigen Austausch von Erkenntnissen und zeigt uns, daß wir keineswegs alleine sind. Wir sind Teil eines wechselseitigen Bewußtseinswandels, der die gesamte Erdbevölkerung einschließt.

Auch die Galaktische Föderation möchte diese Zentren nutzen. Die verschiedenen Licht-/Lebens-Zentren und die Gruppen rundherum sollen nach den Landungen Informations- und Trainingszentren werden. Also ist das ganze Verfahren nicht nur ein kurzfristiges Projekt; es ist für mindestens 14,15 oder mehr Jahre vorgesehen.

Eine Erweiterung des Bewußtseins bringt auch ein verstärktes Bedürfnis nach Kommunikation mit sich. Das ist eine natürliche Entwicklung. Ihr werdet plötzlich entweder auf andere zugehen wollen oder andere kommen auf euch zu. Auf einmal werdet ihr eine Gruppe um euch haben – eins, zwei, drei, vier oder gar fünf Menschen. Und ihr werdet euch wiederum um andere gruppieren wollen und begreifen, daß jeder mit jedem seine Gedanken austauschen möchte.

Dieser Prozeß hilft dabei, die Gruppe, die dich unterstützt, in noch höhere Ebenen der Kommunikation zu bringen. Für uns ist das die Zeit, alle zusammenzubringen und sich daran zu erfreuen, denn dies ist auch eine Zeit der Freude. Wir wollen diese Aufgabe als Freude betrachten. Es ist ein Teil dieser ganzen Entwicklung, zusammen Freude zu empfinden.

F: Wer wird in diesen Zentren sein?

A: Die Zentren sind hauptsächlich für drei Gruppen gedacht. Die eine wird eine Kerngruppe sein, die in erster Linie das Zentrum verwaltet. Die zweite Gruppe besteht aus verschiedenen planetarischen Beratergruppen, ihren Gründern und Mitgliedern, deren Aufgabe es sein wird, wichtige Informationen in Übereinstimmung mit der Kerngruppe ins Zentrum zu bringen. Die dritte Gruppe besteht aus denen, die sich über die Zentren Informationen verschaffen und die deren Bedeutung für ihr Leben erkannt haben. Zu ihnen werden dann Personen aller möglichen Bewußtseinsstadien kommen.

F: Wie werden wir die Kerngruppen am leichtesten finden?

A: Kerngruppen wurden bereits gebildet. Wenn sie fühlen und sehen, daß es da einen Platz auf der Erde gibt, der für ihre Bedürfnisse geeignet ist, dann werden sie erscheinen, aus heiterem Himmel, sozusagen.

F: Wie werden die Zentren verteilt sein?

A: Wir hoffen, daß in allen Großstädten der Erde ein Zentrum errichtet wird. Wenn erst einmal der Aufbauprozeß beginnt, wird es sein, als bräche ein gewaltiger Sturm über uns herein. Ihr werdet erleben, daß bald eine rege Nachfrage nach diesen Zentren herrschen wird und sie werden schnell und ohne Schwierigkeiten errichtet werden. Auch werdet ihr sehen, daß jetzt eine grundsätzliche und wunderbare Synthese von Taten und Kräften geschaffen wird. Das wird zu einem größeren Wachstum beitragen, als man jemals gedacht hätte.

F: Werden wir noch vor den Landungen eine innere Führung darüber erhalten, wohin wir gehen sollen? Und wie wird sie sich uns zu erkennen geben?

A: Jedes menschliche Wesen auf der Erde, das aktiviert wird, wird eins starkes Verlangen haben, an einen bestimmten Platz zu gehen. Diese Aktivierung wird zu einem inneren Drang werden. Die Menschen werden also zu diesen Plätzen gehen, weil sie den Drang dazu verspüren. Und jeder wird seinen Platz finden.

F: Wie werden die Zentren miteinander verbunden sein?

A: Anfangs werden sie durch ein Computer-System und eine Internet-Adresse (unsere Adresse ist: http://www.portal.ca/-ground/crew) verbunden sein. Wenn es die Zeit erlaubt, werden wir hoffentlich ein eigenes interaktives TV-System haben, das speziell für diesen Zweck entwickelt wurde.

F: Was ist die rollende Welle, die mir gezeigt wurde und wie wird sie sich offenbaren?

A: Diese Welle ist die rollende Welle des Bewußtseins. Sie offenbart sich bereits jetzt auf der Erde. Ihr könnt sie fast wie die Brandung an einer tropischen Küste ansehen. Wenn wir genug Antrieb haben, wird die Kraft dieser Wellen so zunehmen, daß eine immer größer und stärker wird als die davor.

F: Was sind die restlichen Abschnitte der Mission?

A: Die Abschnitte können in zwei Stufen eingeteilt werden. Die erste ist der Aufbau der Zentren. Die zweite ist, was wir die Vorbereitungsberatung nennen und wird die Menschen auf die wirkliche Landung vorbereiten.

F: Wie werden wir vor den Personen oder Gruppen geschützt, die verhindern wollen, daß die neue Wahrheit zu Tage tritt?

A: Im Augenblick sind wir dabei, zusammen mit den Engeln, große Energiefelder rund um die Erde aufzubauen, die den Bewußtseinsprozeß beschützen. Denkt nur Gutes von euch selbst. Seid Meister. Lebt in dem Bewußtsein und vertraut darauf, daß die Entwicklung des Bewußtseinswachstums und der Transformation etwas ist, was von den Engeln und der Föderation völlig beschützt wird.

F: Welche Unterstützung werden wir erhalten, um unsere verbleibenden persönlichen Fehler zu überwinden?

A: Die Engel bringen uns jetzt durch verschiedene Personen ihre Methoden hierfür. Ihr werdet sehen, daß uns diese Methoden im Laufe des Frühlings und des Sommers gezeigt werden. Dadurch werden sich große Veränderungen in der Zellgedächtnis-Struktur des Gedächtnisses wie auch in den grundlegenden psychologischen Anlagen ergeben, so daß wir alle schnell in die höheren Bewußtseinsebenen aufsteigen können.

Diese Methoden werden nun an die Heiler weitergegeben, die am besten dafür geeignet sind, sie anzuwenden und zu lehren. In den kommenden Monaten werden wir sehen, wie sie von den Heilern angenommen und für uns nutzbar gemacht werden. Zu diesem Zweck haben wir eine Liste mit verfügbaren Beratern auf unserer Internet-Seite angelegt.

F: Werden einige von uns, die an diesem Ereignis mitarbeiten, noch vor dem Photonenring ihren Aufgestiegenen Meister/Engel-Status erhalten?

A: Ja. Einige von euch werden dies erreichen, denn bei dem ganzen Verfahren werden menschliche Wesen benötigt, die als Vermittler oder „Hebammen" der Erdbevölkerung dienen. Es ist vorgesehen, daß einige Menschen aufsteigen, denn sie sind mit diesem Zeitprogramm hergekommen, schon jetzt die volle Wahrheit zu erkennen; einige tun es ja schon. Aber es werden nur einige Wenige sein.

F: Werden einige von uns körperlich auf die Raumschiffe gebracht werden oder werden Außerirdische im Zuge der Vorbereitungen zu uns kommen?

A: Es könnte sein, daß einige in die Raumschiffe gehen. Diese Dinge werden gerade geplant. Protokolle darüber, ob dies ratsam ist, werden gerade erstellt. Wir werden bald mehr darüber wissen.

F: Welche Hilfsmittel werden von der Galaktischen Föderation oder aus den höheren Dimensionen kommen?

A: Die höheren Dimensionen bieten euch Kraft und Schutz. Sie arbeiten auch auf ihre Weise daran, positive Energien für den Erfolg des Unternehmens freizusetzen. Die

Föderation wird uns durch Channeling und durch direkte Kommunikation Mittel bereitstellen, unsere Finanzen und natürlichen Reichtümer besser zu verwalten. Diese Entwicklungen werden Vorläufer der tatsächlichen Landungen sein, bei denen dann die direkte Einführung neuer Technologien erfolgen wird.

F: Wenn ich bedenke, wieviel Zeit hier in der 3. Dimension alles braucht, bin ich etwas besorgt über den vorgegebenen Zeitrahmen. Kannst du uns einen Hinweis geben, wie schnell diese Dinge in die Realität umgesetzt werden können?

A: Jetzt sind wir auf diesem Planeten. Alles, was wir benötigen, ist ein Startkapital. Jene Leute und Organisationen, die an ihrem eigenen Auftrag gearbeitet haben – manche allein und ohne Kenntnis der anderen, außer jenen mit besonderen Eigenschaften – sind jetzt für den endgültigen Schritt bereit.

Sobald die Finanzierung gesichert ist, werden sich alle zu erkennen geben und in der Lage sein, schnellstens die Ausrüstung bereitzustellen.

F: Mit dem erwachenden Bewußtsein geht auch die Dunkelheit und ein großes „dunkles Bewußtsein" einher – ich meine damit die Wut und Gewalt. Was ist der Sinn dieses „dunklen Bewußtseins"?

A: Es ist Teil der Dualität und auch die Vollendung von Karma. Eine ganze Reihe tiefer Karma-Zyklen werden auf diesem Planeten vollendet, individuell oder in Familien, regional oder national, bis hin zu planetarischem Karma. Um das neue Bewußtsein hereinzubringen, muß eine ganze Reihe von planetarischem Karma vollkommen ausgelöscht werden. Was uns vielleicht wie ein zunehmendes Chaos erscheint, ist diese karmische Reinigung, die wir durchlaufen.

Es ist so, wie wenn man durch einen brennenden Reifen springt.

Wir machen diesen Sprung bei vollem Bewußtsein, gerade jetzt. Wenn wir durch den „Reifen“ der Wahrheit springen, sehen wir nur die Flammen und wenn wir darüber nachdenken anstatt weiterzuspringen, würden wir sicher aufschreien und steckenbleiben. So müssen wir das verstehen. Der ganze Vorgang ist ein Bewußtseinswechsel. Geht hindurch, springt, ohne darüber nachzudenken. Und darum sollten wir uns freuen über das, was auf uns zukommt.

F: Werden wir die Natur dieser Transformation ganz verstehen können?

A: Die Antwort ist ja. Der Schlüssel dazu ist, zu lernen, mehr mit dem Herzen als mit dem Verstand zu denken. Wir durchlaufen jetzt den Prozeß einer Revolution des Herzens, die uns zu der neuen Wahrheit führen wird – eine Wahrheit, deren Tiefen selbst der Vernünftigste kaum verstehen kann. Wir müssen lernen, daß wir jetzt einige sehr eigenartige und wundervolle Dimensionen annehmen werden.

F: Möchtest Du zum Abschluß noch etwas sagen?

A: Ja, ihr müßt nur verstehen, daß ihr euren eigenen einzigartigen Wahrnehmungsprozeß und Erfahrungswechsel erlebt. Akzeptiert diesen Wechsel und werdet eins mit ihm. Seid bereit, euch in Liebe und gemeinsamer Arbeit zu unterstützen. Diese Wahrheiten sind die Grundlage für alles, was geschehen wird und gerade jetzt mit jedem von uns geschieht.

Nachwort

Nun habt ihr das Update meines Buches gelesen. Ich hoffe, daß ihr nun besser versteht, was um euch her vorgeht. Einen Hinweis möchte ich noch geben: Bitte betrachtet dieses Material als Grundlage für euer eigenes Handeln. Wir leben jetzt in einer Zeit, in der wir darüber sprechen sollten, was uns geschieht. Nutzt eure Freizeit, um Planetarische Fürsprecher-Gruppen zu bilden oder gar Zentren aufzubauen, in denen eure Gemeinschaft sich versammeln kann, um alles besser zu verstehen. Wir sind mitten in einer schnelleren Veränderung begriffen. Die Zeit, die jetzt kommt, verlangt unsere gegenseitige Unterstützung. Es ist die Zeit in der das Eins-werden mit uns selbst und mit den anderen klar zum Ausdruck kommen muß. Deshalb sollten wir gerade jetzt unserem Streben und unserem Wunsch, uns um uns selbst und um die anderen zu kümmern, nachkommen.

Große Veränderungen unserer Wahrnehmung und unseres Bewußtseins kommen auf uns zu. Bald werden wir den sogenannten Außerirdischen gegenübertreten. Diese Lichtwesen in den verschiedensten Formen kommen aus allen Richtungen des Alls auf uns zu, um uns bei unserer Transformation zu helfen. Der Planet Erde bereitet sich darauf vor, zu seiner multidimensionalen Erscheinungsform zurückzukehren. Die Voraussetzung dazu ist, daß wir die Gnade erhalten, dies schnell und unkompliziert zuwege zu bringen. Das Reich der Engel und die vielen Sternenreiche der Galaktischen Föderation kommen als Vermittler zu uns. Ihre Ratschläge und Kenntnisse erlauben uns die Verwirklichung der

Galaktischen Zivilisation in kürzester Zeit. Sie soll ein Vorbild und der Beweis sein, daß der galaktische Friede möglich ist. Wir sind tatsächlich der Stoff, aus dem „die Träume gemacht" sind.

Darüber hinaus können wir uns endlich wieder mit unserem wahren Selbst vereinen. Zu lange haben die Erde und ihre Bewohner nun schon in einer Art Amnesie gelebt. Das hat uns eine lange Reihe von karmischen Vergeltungen gebracht, die nicht zu enden scheint. Trotz unserer Proteste hat das Engel-Reich daran gearbeitet, uns auf das Erwachen in eine neue Ära der Erleuchtung vorzubereiten. Bald wird die neue Wahrheit uns ganz umhüllen. Wir müssen jetzt den Schleier des Nichtwissens abwerfen, der uns von unserer Bestimmung abgehalten hat. Unsere Bestimmung verspricht, uns über die kriegerischen und wetteifernden Nationen in eine Welt der Gemeinsamkeit und der Liebe füreinander zu erheben.

Es wird eine Welt persönlicher Freiheit sein, ohne jegliche Art der Bevormundung, die uns in den letzten Jahrtausenden voneinander getrennt hat. Ja, es wird ein neuer Anfang für uns alle werden. Jetzt werden wir uns zeigen, wie wunderbar und einzigartig wir wirklich sind. Die menschliche Zivilisation ist einmalig, denn sie besteht aus allen Formen menschlicher und nicht-menschlicher, außerirdischer Zivilisationen. In den nächsten Jahren werden wir eine vollkommen neue Art und Weise finden, die galaktischen Zivilisationen zusammenzubringen. Dadurch bringen wir eine gesamte Galaxie ins Licht und ermöglichen den Aufbau einer neuen intergalaktischen Vereinigung.

Deshalb sind wir für die Zukunft dieser Galaxie wie auch für die physische Schöpfung selbst sehr wichtig. Als eine planetarische Gesellschaft sollten wir aufhören, uns selbst als einen unbedeutenden Planeten, der in einem ebenso unbedeutenden Sternensystem haust, zu sehen. Vielmehr sollten wir uns als ein großartiges Vorbild, das gerade aufgebaut wird, sehen. Es wird bald der Mittelpunkt der galaktischen Aktivitäten sein.

Laßt mich jetzt dieses Werk in der Hoffnung beenden, daß es euch zum Handeln veranlassen wird. Erkennt, was hier geschieht. Teilt eure Informationen mit anderen. Bildet Planetarische Fürsprecher-Gruppen und Zentren. Bereitet euch auf den ersten Kontakt und auf die neue Bewußtseinsebene vor. Wir haben nur wenig Zeit und sollten sie so gut wie möglich nutzen. So laßt mich euch für heute „Lebe wohl" sagen mit einem sirianischen Gruß, den ich sehr liebe – *Selamat Ja!* (Freut euch!)

Mit Liebe und Licht,
Sheldon Nidle

Lesen Sie
das hier erwähnte Buch

Der Photonenring
von
Virginia Essene • Sheldon Nidle

ISBN 3-89568-021-4

ch. falk-verlag